색종이 한 장으로 만드는 놀라운 세상

참 쉽다! 참 재밌다! 종이접기

종이접기의 시간 지음
양수현 옮김

로그인

장식하는 법

완성한 작품을 이곳저곳에 장식해 보세요.
지금부터 방법을 소개할게요.

그릇에 담기

큼직한 그릇에 작품을 담아 봐요.
솜이나 얇게 자른 종이를 함께
담으면 입체감이 생겨요.

모빌 만들기

리본이나 끈에 작품을 달고
균형을 맞추면 모빌이 돼요.
종이는 무게가 가벼워서
테이프로도 잘 붙어요.

받침대 활용하기

납작한 작품은 받침대에 붙여 보세요.
세워서 장식할 수 있어요.

빈 병에 넣기

유리병에 작품을 넣고 뒤집으면
스노 글로브로 변해요.

벽걸이 만들기

리본이나 끈에 집게로 작품을 매달아 보세요.
근사한 벽걸이가 된답니다.
작품 사이사이에 리본 꽃을 붙이면
더 예뻐져요.

차례

장식하는 법 **2**
있으면 편리한 도구 **8**
종이접기 기호 **9**
자주 쓰는 종이접기 방법 **10**
사용하는 색종이 크기 **12**
귀여운 얼굴 그리는 법 **13**

▶ 파티 **14**

뱁새 주머니 **16** 판다 주머니 **18** 메달 **19** 하트 고양이 메달 **20** 곰 메시지 카드 **22**

▶ 축하 **26**

고양이 젓가락 받침 **24** 촛불 **28** 숫자 0~9 **29**

▶ 인형 놀이 **32**

봄

작은 인형 **34** 인형 받침 **36** 복숭아꽃 **38**

▶ **부활절** 40

 닭 42

 병아리 44

 부활절 달걀 토끼 45

 무당벌레 주머니 47

 벚꽃 49

▶ **봄 시냇물** 50

 모자 51

 물고기 52

여름

▶ **장마** 54

 연잎 56

 올챙이 58

 개구리 59

▶ **칠석** 62

 날씨 맑음 인형 60

 우산 61

 직녀 64

 견우 67

 별 68

▶ **시원한 간식 72**

대나무 잎 벽걸이 70 · 소원 종이 71 · 수박 73 · 빙수 76

▶ **달맞이 78**

가을 ▶▶▶▶ · 보름달과 구름과 토끼 79 · 달맞이 경단과 그릇 80 · 보름달 토끼 주머니 82

▶ **가을 숲 86**

억새 84 · 도토리 88 · 낙엽 89 · 버섯 90 · 올빼미 91

▶ **핼러윈 92**

유령과 호박 94 · 마녀 모자와 고양이 96 · 해골 귀신 98 · 호박 사탕 덮개 100

겨울

▶ **크리스마스 102**

동글동글 산타
104

종
105

간단한 트리
106

▶ **설날 110**

동글동글 루돌프
108

세뱃돈 봉투
111

구운 떡
112

오뚝이 주머니
114

▶ **겨울나기 116**

도깨비
118

소녀
119

김밥
120

도깨비 상자
122

간단한 리스 124
나만의 리스 만들기! 126

이것저것 만들어 봐!

있으면 편리한 도구
종이접기를 할 때 있으면 편리한 도구예요.

자
길이를 재거나 색종이를 자를 때, 표시선을 만들 때 써요.

펀치
동그랗고 깔끔하게 구멍을 뚫을 수 있어요.

투명 테이프
접은 부분이 들뜨지 않게 고정해요.

양면테이프
풀로 붙이기 힘든 곳에 써요. 풀 대신 쓰기도 해요.

풀
작품들을 이어 붙일 때 써요.

펜
얼굴을 꾸미거나 무늬를 그릴 때 써요. 가는 펜을 사용하면 더 섬세하게 그릴 수 있어요.

커터 칼
색종이를 자를 때 써요.

가위
색종이나 둥근 스티커를 자를 때 써요.

찰흙 주걱
손쉽고 깔끔하게 표시선을 만들 수 있어요. 주걱으로 접는 선을 따라 그어요.

핀셋
종이를 잡아당기거나 섬세하게 접을 때 써요. 작은 모서리를 접을 때도 편리하답니다.

둥근 스티커
눈이나 뺨 등을 표현할 때 써요. 크기는 5mm, 8mm 정도예요. 스티커 대신 펜으로 그려도 좋아요.

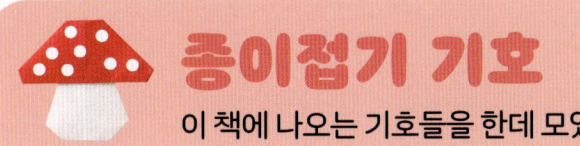

종이접기 기호

이 책에 나오는 기호들을 한데 모았어요.

계곡 접기 선 점선대로 앞으로 접어요 ‒ ‒ ‒ ‒ ‒ ‒ ‒ ‒	**산 접기 선** 점선대로 뒤로 접어요 –·–·–·–·–·–·–

계곡 접기, 산 접기
화살표 방향으로 접어요

표시선 만들기
접었다 다시 펴요

넘기기
색종이를 넘기거나 젖혀요

종이 사이의 틈
색종이가 서로 겹쳐진 부분

방향 바꾸기
색종이 방향을 바꿔요

자르기
색종이를 자르거나 가위집을 넣어요

뒤집기
색종이를 뒤집어요

크게 보기
이해하기 어려운 부분을 크게 보여줘요

레벨   ▲1…쉬움   ▲▲2…보통   ▲▲▲3…약간 어려움

# 자주 쓰는 종이접기 방법
종이접기를 할 때 자주 쓰는 방법을 소개할게요.

계곡 접기

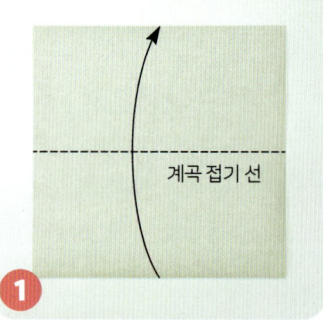

❶ 선이 안쪽으로 오게 아래에서 위로 접어요.

❷ 접은 모습.

산 접기

❶ 선이 바깥쪽으로 향하게 뒤로 접어요.

❷ 접은 모습.

표시선 만들기

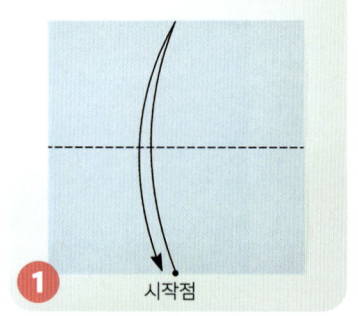

❶ 점선 위치가 표시선이 되게 위로 접었다 펴요.

❷ 표시선을 만든 모습.

계단 접기
산 접기와 계곡 접기를 해서 계단처럼 접어요.

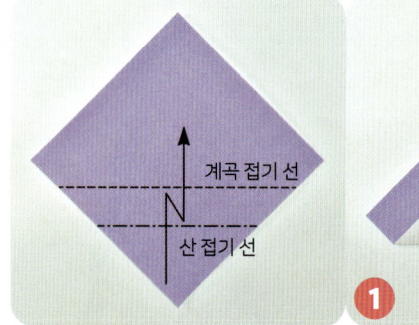

계단 접기 모습.

❶ 계곡 접기 선대로 접어요.

❷ 산 접기 선대로 접은 모습.

넣어 접기

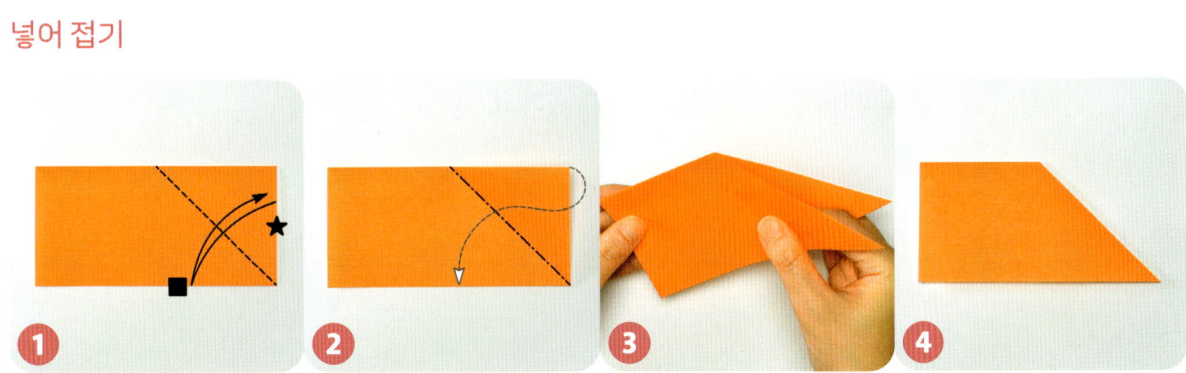

1 선 위치에 표시선을 만들어요. ★과 ■이 맞닿게 접었다 펴 주세요.

2 표시선을 따라 오른쪽 모서리를 안으로 넣어요.

3 안으로 접어 넣는 모습.

4 다 접은 모습.

네모 주머니 접기

작품을 접을 때는 이렇게 나와요→

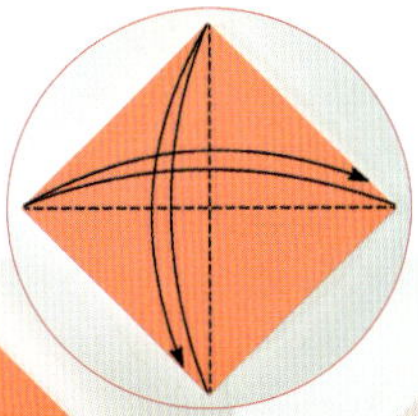

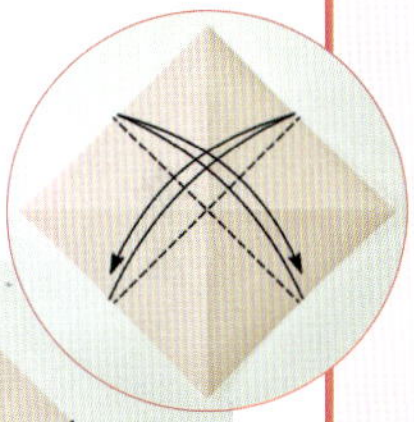

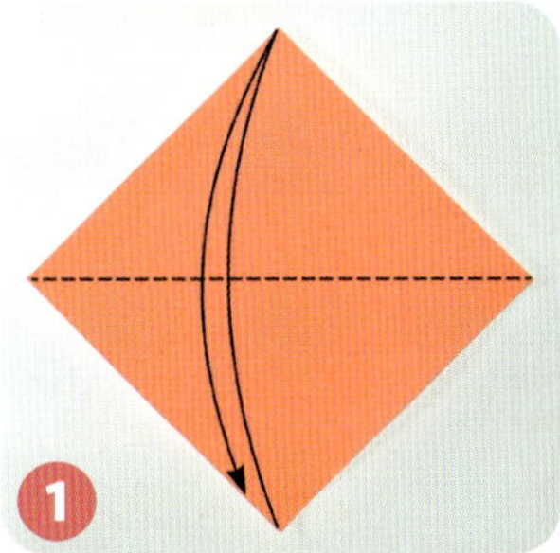

1 아래에서 위로 접었다 펴요. 가로로 표시선을 만들어 주세요.

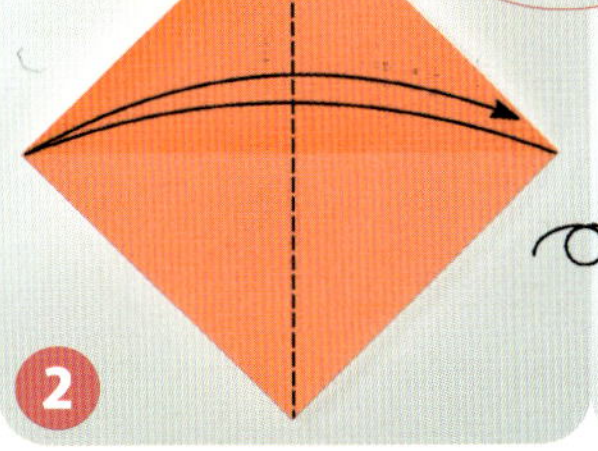

2 오른쪽에서 왼쪽으로 접었다 펴요. 세로로 표시선을 만들어 주세요.

3 뒤집은 뒤, 왼쪽 아래에서 위로 접었다 펴요. 대각선으로 표시선을 만들어 주세요.

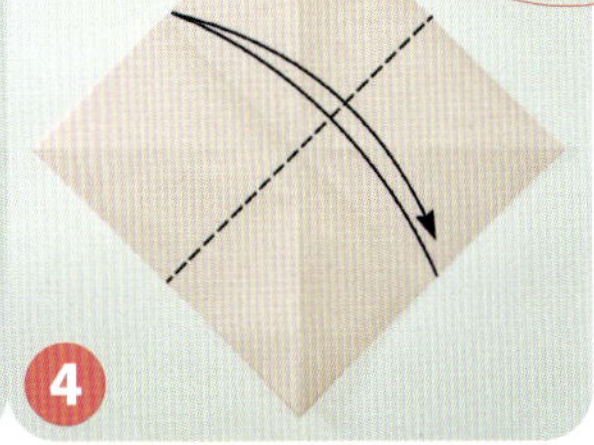

작품을 접을 때는 이렇게 나와요→

4 오른쪽 아래에서 위로 접었다 펴요. 대각선으로 표시선을 만들어 주세요.

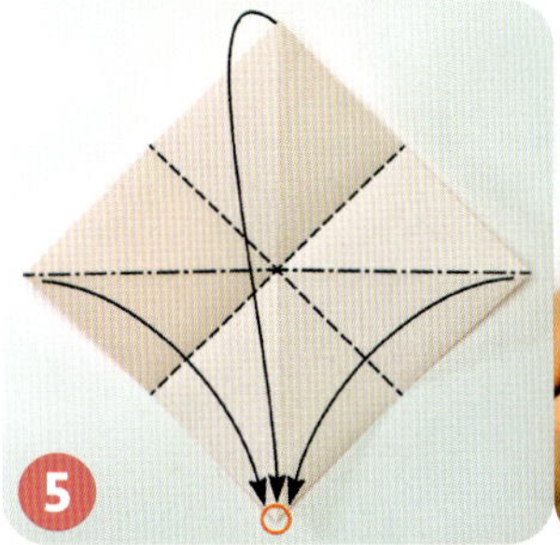

5 표시선을 따라 모아 접어요. 세 모서리를 맨 아래 모서리에 맞춰 주세요.

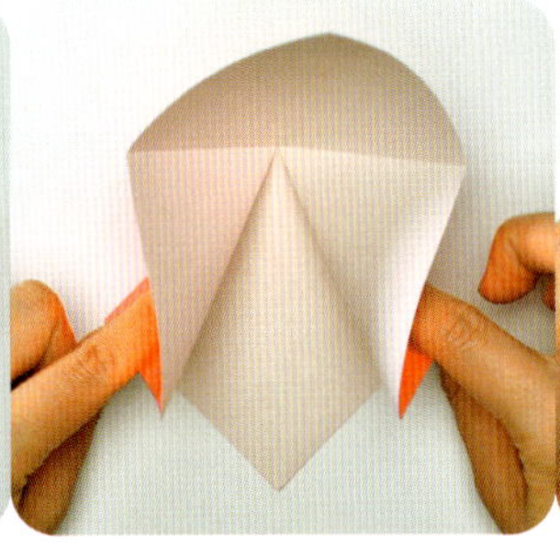

모서리에 맞춰 모아 접는 모습.

네모 주머니 완성.

11

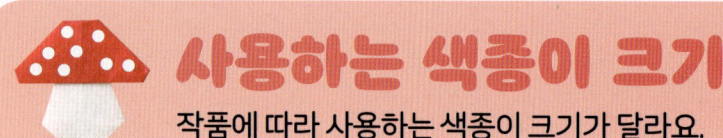
사용하는 색종이 크기
작품에 따라 사용하는 색종이 크기가 달라요.

색종이 기본 크기는 15x15cm예요(실제 크기).

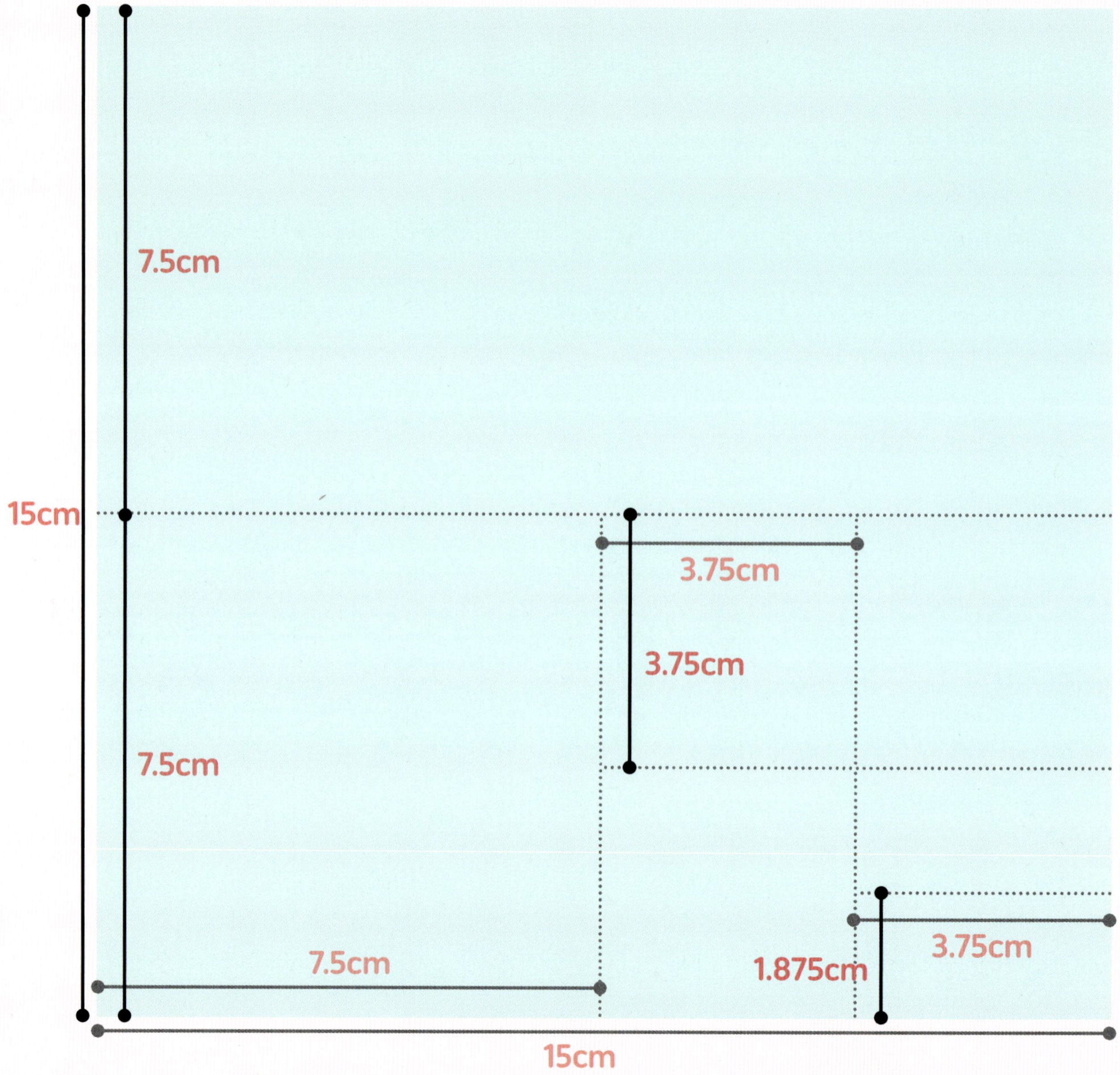

- 15cm
- 7.5cm
- 7.5cm
- 7.5cm
- 3.75cm
- 3.75cm
- 3.75cm
- 1.875cm
- 15cm

※ 원하는 크기에 맞게 잘라서 사용하세요.

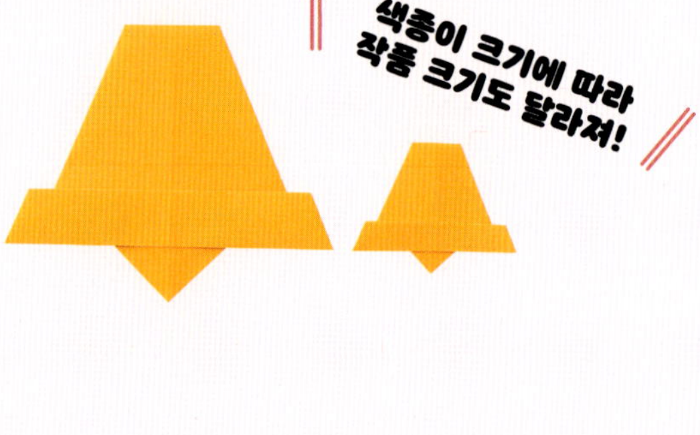

색종이 크기에 따라 작품 크기도 달라져!

 귀여운 얼굴 그리는 법

눈과 코, 입의 위치와 크기에 따라 느낌이 달라져요. 좋아하는 얼굴 모양을 그려 보세요.

작가가 그린 기본 얼굴

눈, 코, 입, 뺨이 가운데로 모인 얼굴

눈을 크게 그린 얼굴

눈 사이가 약간 먼 얼굴

눈을 작게 그린 얼굴

눈을 위쪽에 그린 얼굴

코와 입을 그리지 않은 얼굴

눈과 입 사이가 먼 얼굴

뺨을 그리지 않은 얼굴

파티

생일 파티나 친구들이 집에 놀러 온 날,
종이접기를 활용해 반갑게 맞이해요.

메달 ▶ p.19

하트 고양이 메달 ▶ p.20

판다 주머니 ▶ p.18

뱁새 주머니 ▶ p.16

곰 메시지 카드 ▶ p.22

고양이 젓가락 받침 ▶ p.24

뱁새 주머니

숲의 요정이라고 불리는 뱁새 모양 주머니예요.
과자를 담으면 볼록하게 부풀어 더 귀여워져요.

레벨

준비물: 색종이(15×15cm) 1장 | 눈용 둥근 스티커(5mm) 2장 | 부리용 둥근 스티커(8mm) ½장

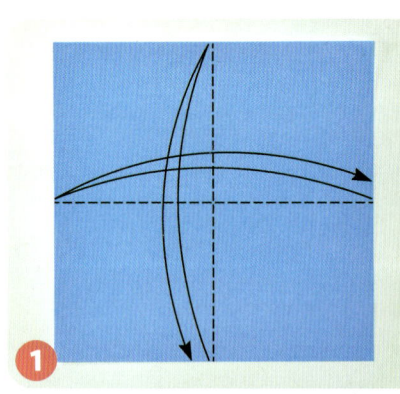

1 가장자리끼리 맞춰 접었다 펴서 표시선을 만들어요.

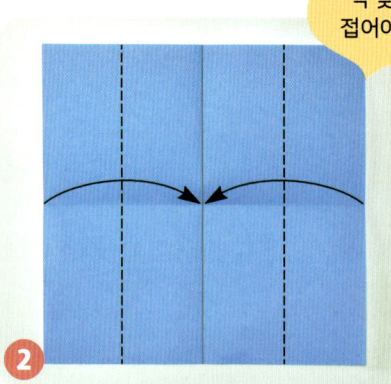

딱 맞게 접어야 해

2 양옆을 중심선에 맞춰 접어요.

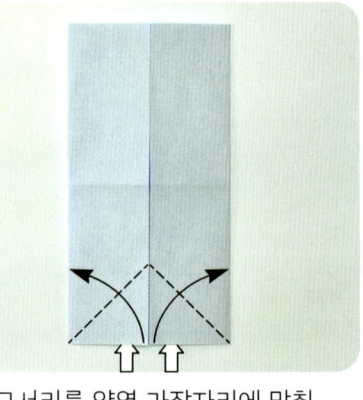

3 안쪽 모서리를 양옆 가장자리에 맞춰 접어요.

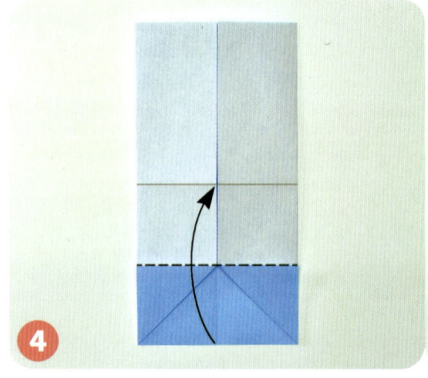

4 아래쪽 가장자리를 중심선에 맞춰 접어요.

5 가장자리를 중심선에 맞춰 접어요.

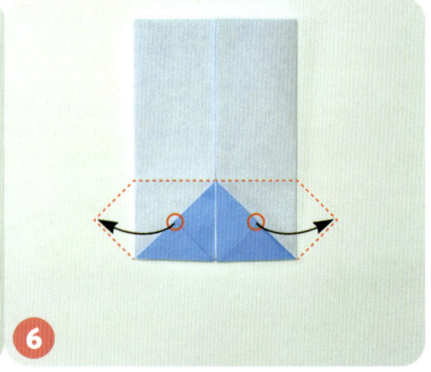

6 모서리를 잡고 양옆으로 당겨요.

7 잡아당기는 모습.

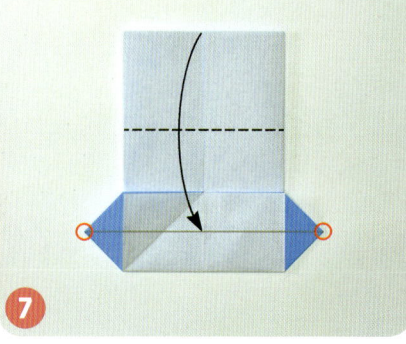

7 위쪽 가장자리와 양옆 모서리를 잇는 선을 맞춰 접어요.

8 양옆 가장자리를 빨간 선에 맞춰 접어요.

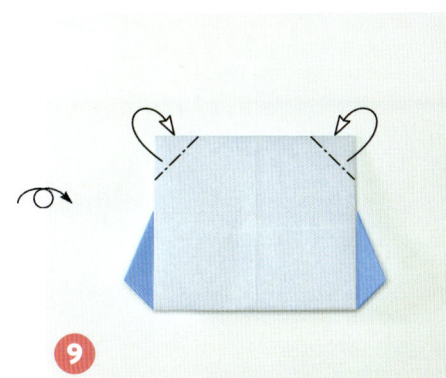

9 뒤집은 뒤, 모서리를 뒤로 접어요.

펜이나 둥근 스티커로 얼굴을 꾸며요.

 **사용방법**

선물하기에 안성맞춤

뱁새 주머니, 판다 주머니는 안에 작은 과자를 넣고 뚜껑을 닫을 수 있어요. 과자를 담아 친구에게 선물하면 기뻐하겠죠!? 주머니에 무언가를 넣으면 볼록하게 부풀어 더 귀여워져요.

p.16의 ❼에서 접은 부분을 펼치면 주머니가 돼요.

윗부분을 열면 안에 작은 과자를 넣을 수 있어요.

 # 판다 주머니

인기 많은 판다 모양 주머니예요. 윗부분을 뚜껑처럼 열고 닫을 수 있답니다.
작은 과자를 넣어 친구에게 선물하기 좋아요!

레벨 2

준비물: 색종이(15×15㎝) 1장 | 코용 둥근 스티커(5㎜) 1장 | 뺨용 둥근 스티커(8㎜) 2장 | 펜

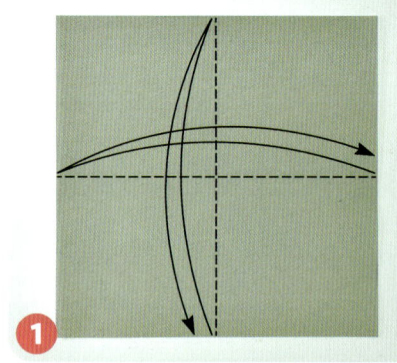

1 가장자리끼리 맞춰 접었다 펴서 표시선을 만들어요.

2 모서리를 중심점에 맞춰 접어요.

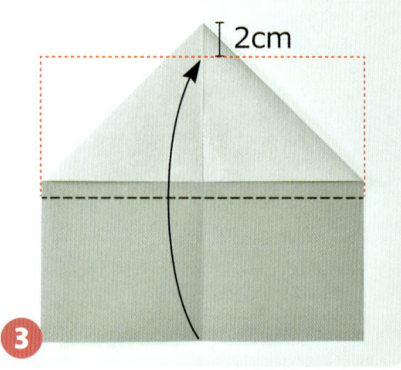

3 아래쪽 가장자리를 위쪽 모서리에서 2㎝ 떨어진 위치에 맞춰 접어요.

4 양옆 가장자리를 중심선에 맞춰 접어요.

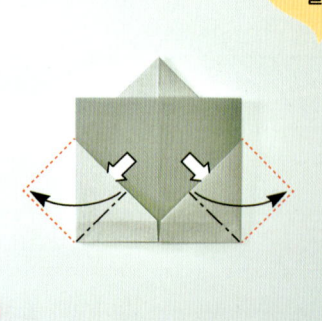

벌리면서 눌러줘

5 양쪽 모서리를 벌리면서 표시선을 세로 가장자리에 맞춰 눌러 접어요.

6 모서리를 점선대로 접어요.

7 모서리를 표시선대로 접어요.

8 뒤집은 뒤, 모서리를 뒤로 접어요.

판다는 눈꼬리가 아래로 처졌어

완성

펜이나 둥근 스티커로 얼굴을 꾸며요.

 # 메달

색종이 두 장으로 만드는 메달이에요.
가운데에 글자나 그림을 넣으면 멋진 메달이 돼요.

 레벨 1

준비물: 색종이(7.5×7.5㎝) 2장 | 리본(없어도 됨) | 테이프

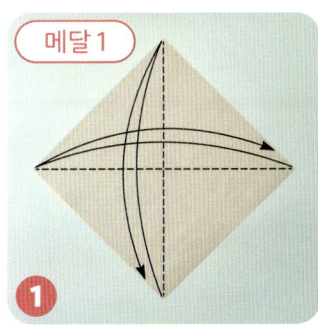

1 모서리끼리 맞춰 접었다 펴서 표시선을 만들어요.

2 모서리를 중심점에 맞춰 접어요.

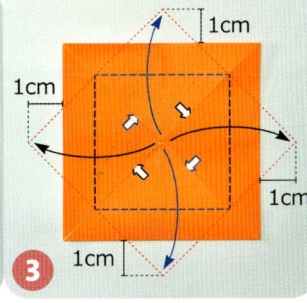

3 ②에서 접은 부분이 가장자리 밖으로 1㎝ 나오게 되접어요.

접은 모습

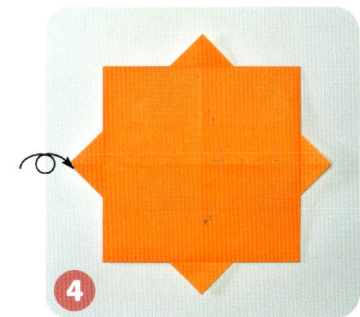

4 뒤집어요.

메달 2
1 메달 1의 ②까지 똑같이 해요. 뒤집은 뒤, 사진처럼 방향을 바꿔요.

2 메달 1 위에 올려요.

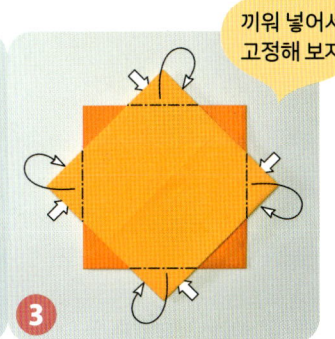

3 메달 2의 네 모서리를 뒤로 접고 메달 1의 가장자리 틈 사이에 끼워 넣어요.

끼워 넣어서 고정해 보자

고정한 모습.

응용방법

메달 만들기

뒷면에 리본을 붙이면 목에 걸 수 있는 메달이 돼요. 색종이 색을 다양하게 바꿔가며 만들어 보세요.

# 하트 고양이 메달

하트와 고양이를 합친 귀여운 메달이에요.
좋아하는 색으로 하트를 만들고 리본을 붙여 봐요.

레벨

준비물 | 색종이(15×15㎝) 1장 | 풀 | 펜 | 리본(없어도 됨)

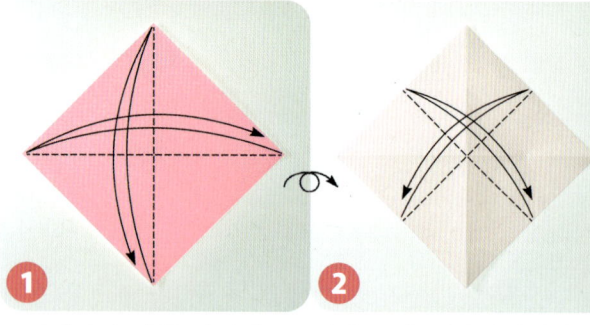

① 모서리끼리 맞춰 접었다 펴서 표시선을 만들어요.

② 뒤집은 뒤, 가장자리끼리 맞춰 접었다 펴서 표시선을 만들어요.

③ 위쪽 모서리를 중심점에 맞춰 접어요.

④ 표시선을 따라 모아 접어요.

모아 접는 모습.

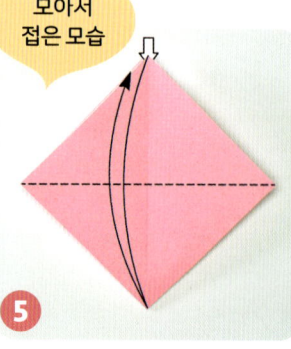

⑤ 위쪽 모서리 한 장만 아래쪽 모서리에 맞춰 접었다 펴서 표시선을 만들어요.

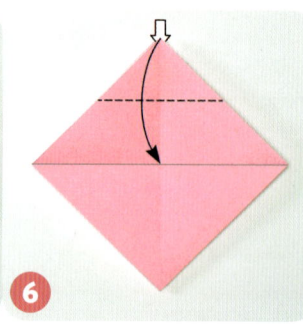

⑥ 위쪽 모서리 한 장만 표시선에 맞춰 접어요.

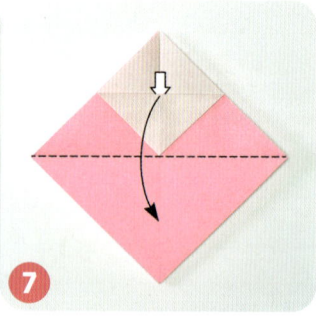

⑦ 한 장만 표시선대로 접어요.

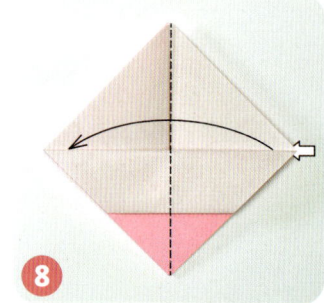

⑧ 한 장만 오른쪽에서 왼쪽으로 넘겨요.

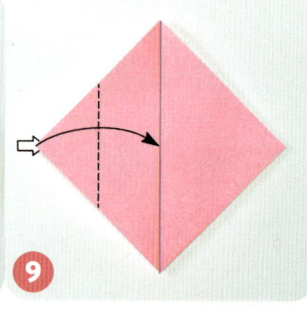

⑨ 왼쪽 모서리 한 장만 표시선에 맞춰 접어요.

⑩ 모서리끼리 맞춰 접어요.

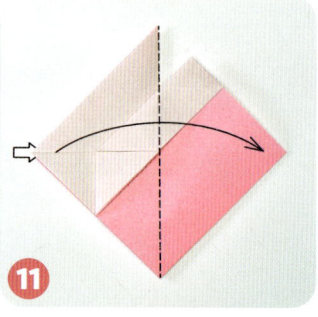

⑪ 왼쪽에서 오른쪽으로 두 장을 넘겨요.

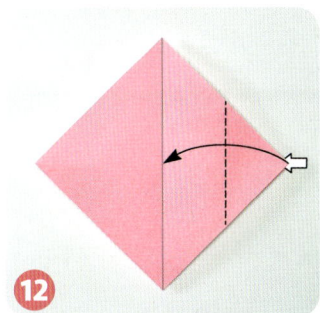
⑫ 오른쪽 모서리 한 장만 표시선에 맞춰 접어요.

⑬ 모서리끼리 맞춰 접어요.

⑭ 오른쪽에서 왼쪽으로 한 장을 넘겨요.

⑮ 점선대로 뒤로 접고 풀로 붙여요.

모서리를 접어 넣어 둥글게 다듬어 봐

접은 모습

⑯ 모서리를 점선대로 뒤로 접고 모양을 다듬어요.

펜으로 얼굴을 그려요.

응용방법

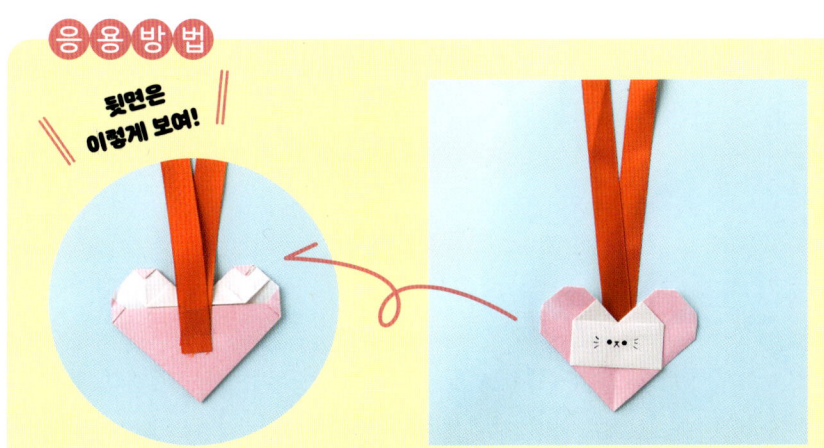

메달 만들기

다 만든 메달 뒷면에 좋아하는 색 리본을 붙여 봐요. 목에 걸면 귀여운 메달 완성!
무늬 있는 색종이로 만들어도 근사해요. 고양이 얼굴을 어떻게 그리면 좋을지도 요리조리 궁리해 봐요.

곰 메시지 카드

배 부분을 펼쳐서 메시지를 쓸 수 있는 곰 카드예요.
친구 자리에 귀여운 메시지 카드를 올려놔 보세요.

레벨 1

준비물: 색종이(15×15㎝) 1장 | 눈용 둥근 스티커(5㎜) 2장 | 코용 둥근 스티커(5㎜) 1장 | 코·입 주변용 둥근 스티커(15㎜) 1장 | 펜

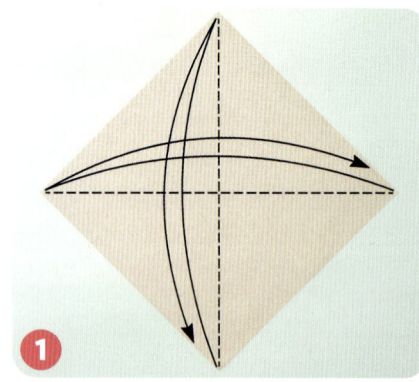
❶ 모서리끼리 맞춰 접었다 펴서 표시선을 만들어요.

❷ 왼쪽 모서리를 중심점에 맞춰 접었다 펴서 표시해요.

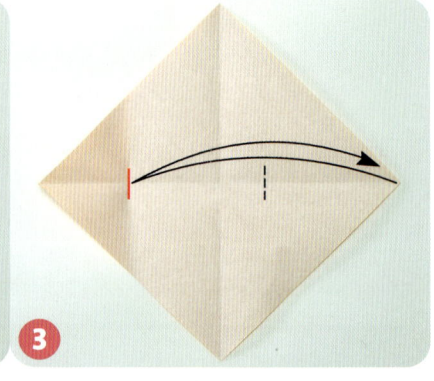
❸ 오른쪽 모서리를 ❷의 표시에 맞춰 또 접었다 펴요.

❹ 왼쪽 모서리를 ❸의 표시에 맞춰 접어요.

❺ 오른쪽 모서리를 ❷의 표시에 맞춰 접어요.

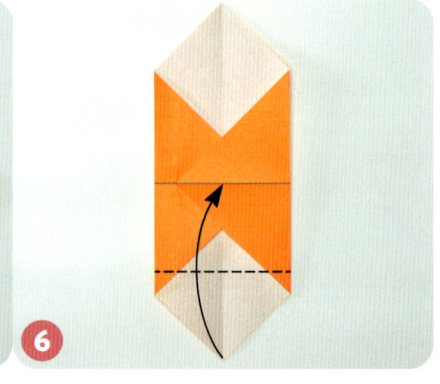
❻ 아래쪽 모서리를 표시선에 맞춰 접어요.

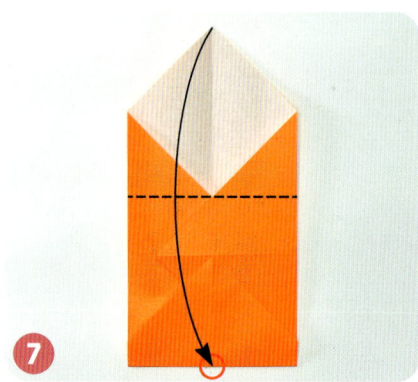
❼ 아래쪽 가장자리에 맞춰 내려 접어요.

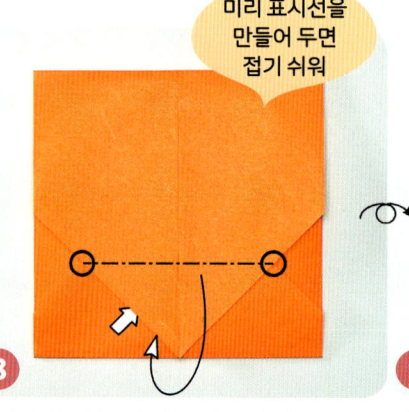
❽ ○과 ○을 잇는 선대로 뒤로 접어요.

미리 표시선을 만들어 두면 접기 쉬워

❾ 뒤집은 뒤, 선을 따라 계단 접기를 해요.

계단 모양으로 귀를 만들어 보자

⑩ 뒤집은 뒤, 모서리를 뒤로 접어 둥글게 다듬어요.

펜이나 둥근 스티커로 얼굴을 꾸며요.

 사용방법

비밀 메시지!?

밑부분을 펼치면 메시지를 쓸 수 있는 공간이 나와요. 거기에 편지를 적어 보세요.

안 보이게 가릴 수 있으니 비밀 편지를 쓰기에 딱 좋아요! 곰 얼굴 아래에 편지를 받을 친구 이름도 쓸 수 있어요.

또 같이 놀자!

편지를 써 봐

하나에게

 # 고양이 젓가락 받침

손님맞이용 젓가락 받침을 고양이 모양으로 만들 수 있어요.
귀여운 고양이 얼굴을 보면 누구라도 웃게 될 거예요.

레벨
3

준비물: 색종이(7.5×7.5㎝) 1장 | 펜

※여기서는 이해하기 쉽게 15×15㎝ 색종이를 사용했어요.

1. 모서리끼리 맞춰 접었다 펴서 표시선을 만들어요.
2. 뒤집은 뒤, 위아래 가장자리끼리 맞춰 접었다 펴서 표시선을 만들어요.
3. 모서리를 중심점에 맞춰 접어요.

4. 다시 뒤집은 뒤, 표시선을 이용해 모아 접어요.
5. 위쪽 모서리 한 장만 접었다 펴서 표시선을 만들어요.

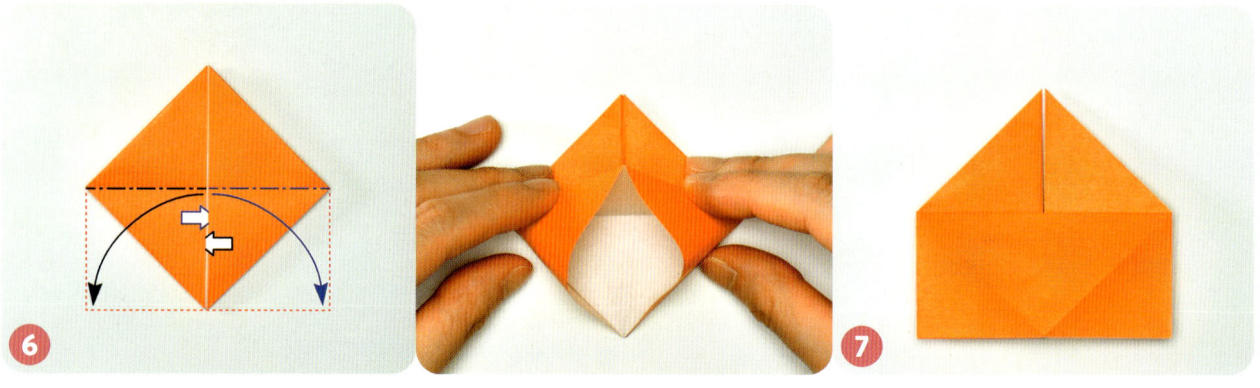

6. 표시선을 이용해 벌리며 눌러 접어요.
   벌리는 모습.
7. 뒷면도 ❺, ❻과 똑같이 해요.

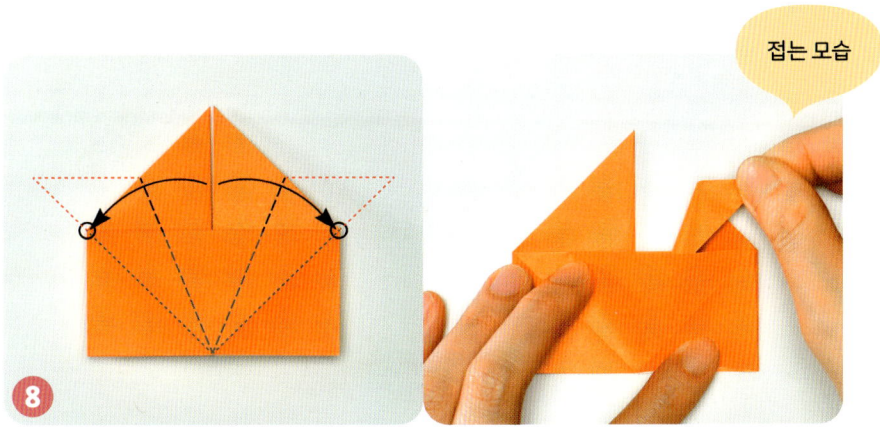

접는 모습

⑧ 모서리에 맞춰 안쪽으로 접어요.

뾰족하게 접어서 귀를 만들어

완성

⑨ 점선대로 모서리를 뒤로 접고 틈새에 끼워 넣어요.

끼워 넣는 모습.

펜으로 얼굴을 그려요.

사용방법

펼쳐서 세우기

아래쪽 틈새에 손가락을 넣고 펼치듯이 벌려요. 그러면 세워도 잘 쓰러지지 않아요. 젓가락을 올려놓으면 더 귀엽답니다. 작은 포크나 숟가락 받침으로 쓰기도 좋아요.

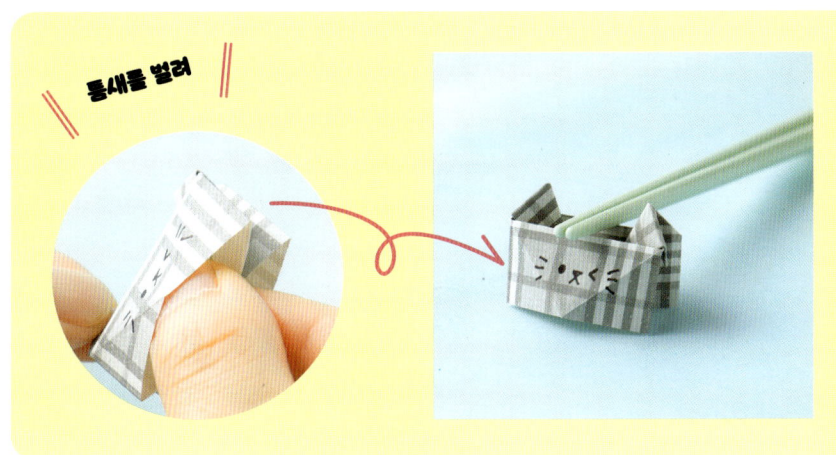

틈새를 벌려

25

축하

생일에 장식하기 좋은 촛불과 숫자 모양이에요.
좋아하는 색의 색종이나 무늬 있는 색종이로 만들어 보세요.
분위기가 더 화려해져요.

촛불 ▶ p.28

숫자 0~9 ▶ p.29

촛불

생일에 빠질 수 없는 촛불도 색종이로 만들 수 있어요.
나이만큼 촛불을 만들어 장식하면 근사한 생일 파티가 될 거예요!

레벨 3

준비물 색종이(15×15㎝) 1장

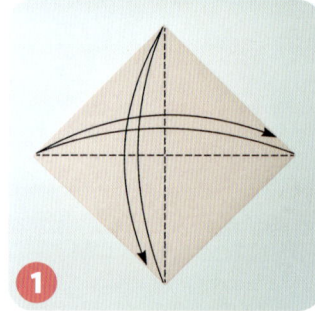

1 모서리끼리 맞춰 접었다 펴서 표시선을 만들어요.

2 위쪽 모서리를 중심점에 맞춰 접어요.

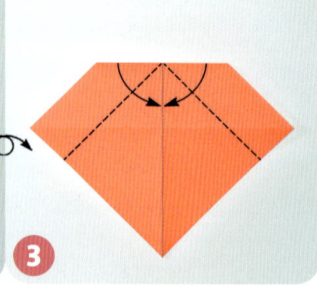

3 뒤집은 뒤, 맨 위쪽 가장자리를 세로 중심선에 맞춰 접어요.

4 두 가장자리와 노란 선을 각각 맞춰 접어요.

한쪽을 접은 모습.

5 아래쪽 가장자리와 노란 선을 맞춰 접어요.

밑부분부터 차근차근 접어 봐

틈새에 손가락을 넣어 눌러 봐

6 틈새를 벌리고 양옆 가장자리를 중심선에 맞춰 접어요.

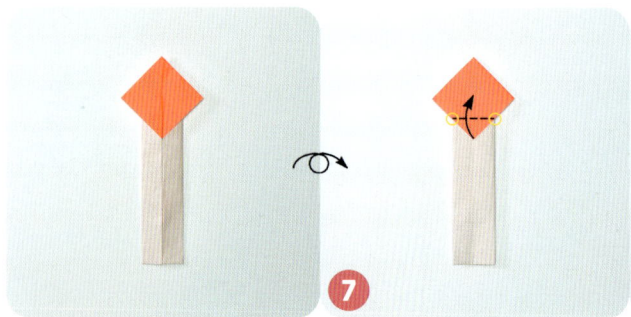

접은 모습.

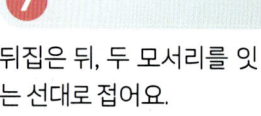

7 뒤집은 뒤, 두 모서리를 잇는 선대로 접어요.

8 점선대로 모서리를 뒤로 접어요.

모양을 다듬어요.

숫자 0~9

네 가지 모양을 조합해 0부터 9까지 숫자를 만들어요.

레벨 ▲2

준비물: 모양마다 색종이(3.75×15㎝) 1장 | 풀 | 테이프

모양 A

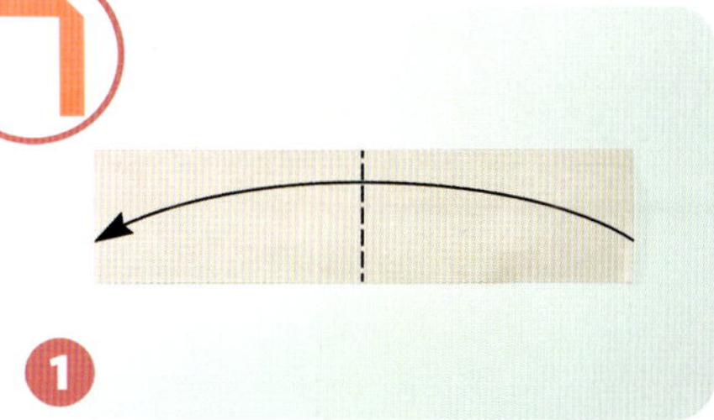

1 양옆 가장자리끼리 맞춰 반을 접어요.

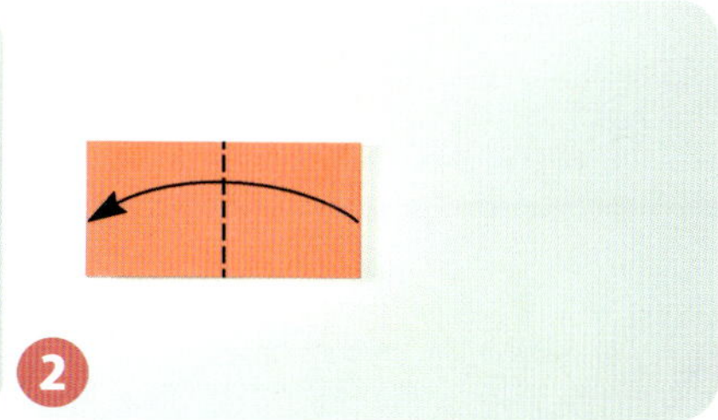

2 다시 반을 접어요.

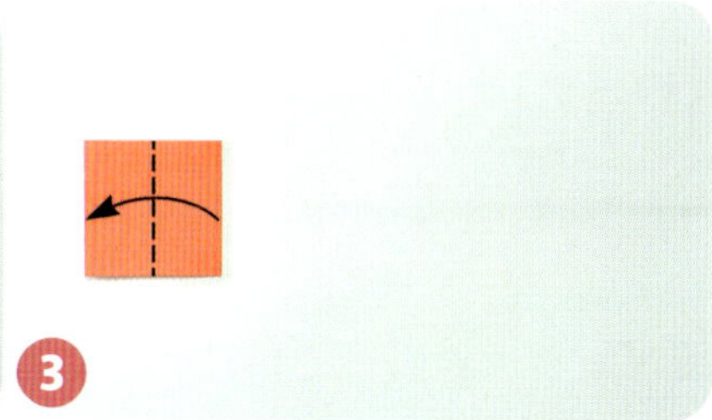

3 또 한 번 반을 접어요.

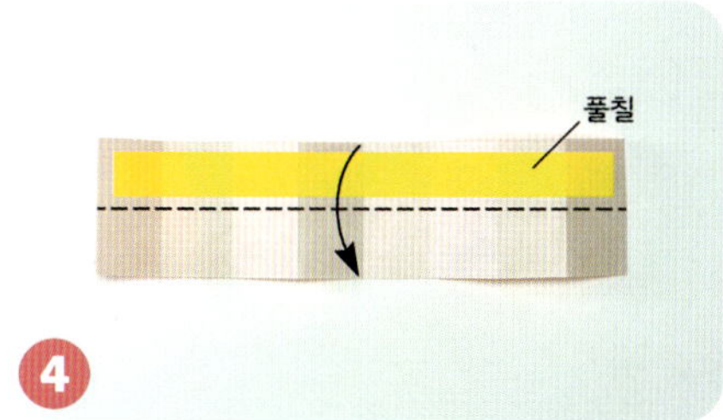

4 펼친 다음 위아래 가장자리끼리 맞춰 반을 접고 풀로 붙여요.

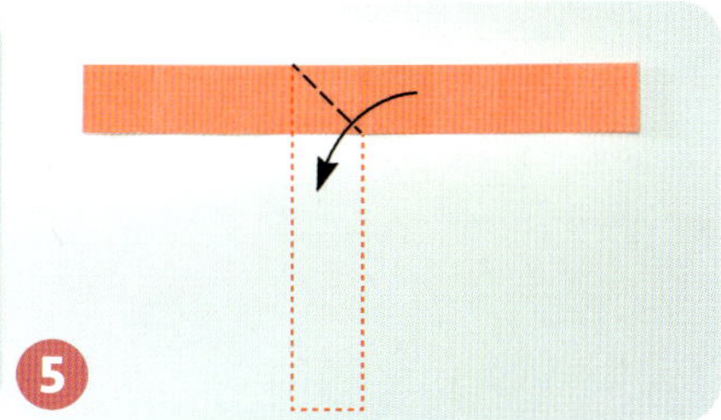

5 오른쪽에서 다섯 번째 칸을 점선대로 접고 풀로 붙여요.

모양 B

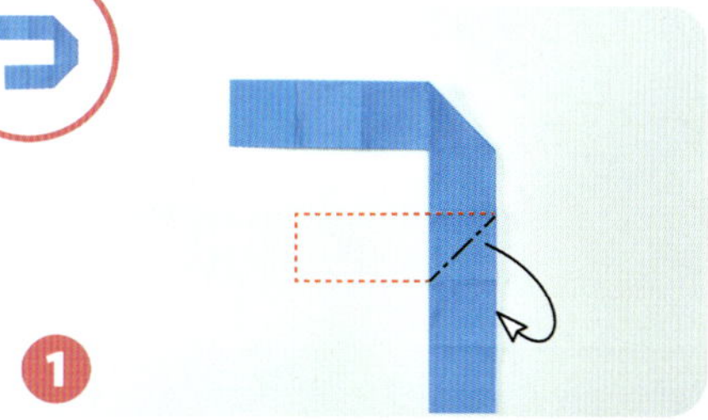

1 A의 아래에서 세 번째 칸을 점선대로 뒤로 접고 풀로 붙여요.

모양 C

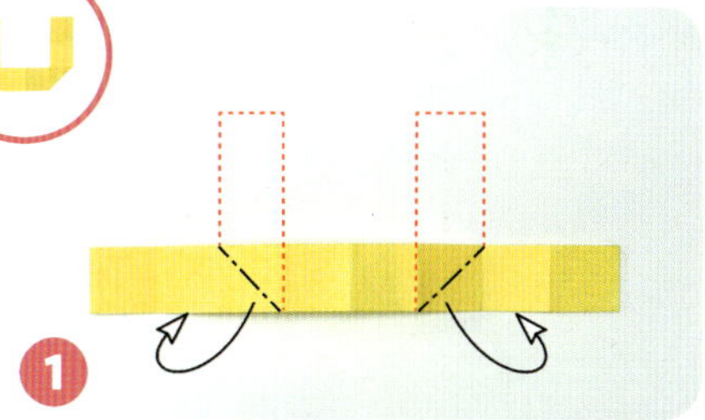

1 A의 ④에서 양쪽 끝에서 세 번째 칸을 각각 점선대로 뒤로 접고 풀로 붙여요.

모양 D

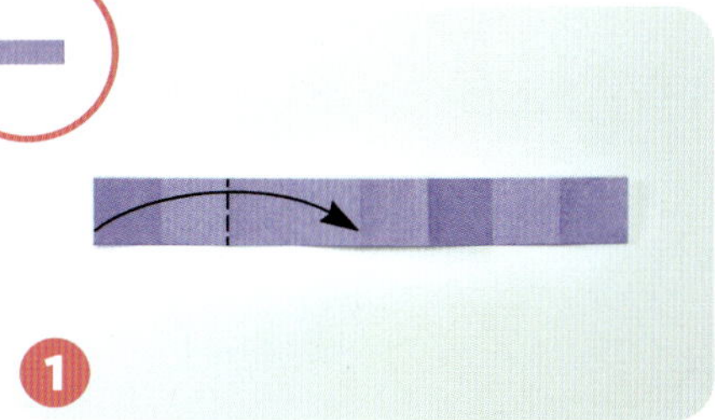

1 A의 ④에서 왼쪽에서 두 번째 부분을 점선대로 접어요.

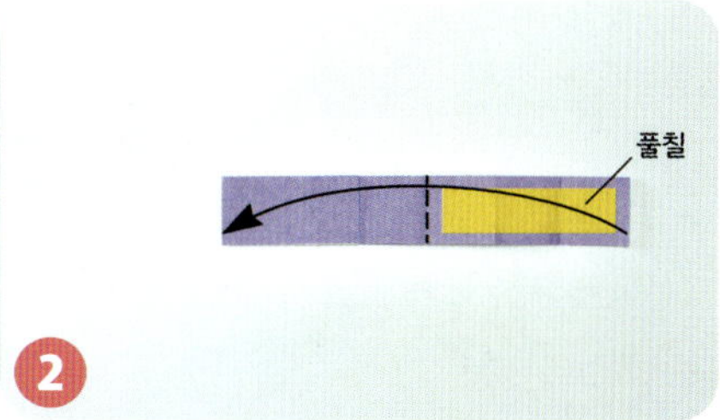

2 점선을 따라 반으로 접고 풀로 붙여요.

0123456789 숫자 0~9

준비물
모양 C 2개

① C를 이어 붙여요.

준비물
모양 A 1개

① A를 점선대로 뒤로 접어요.

② 왼쪽에서 두 번째 부분을 점선대로 뒤로 접고 풀로 붙여요.

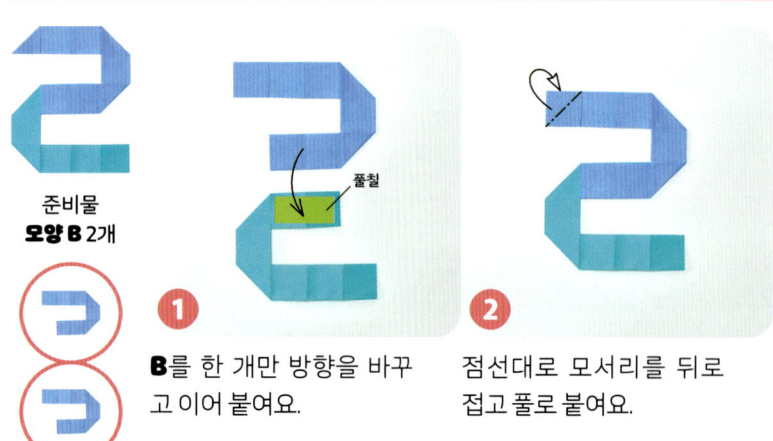

준비물
모양 B 2개

① B를 한 개만 방향을 바꾸고 이어 붙여요.

② 점선대로 모서리를 뒤로 접고 풀로 붙여요.

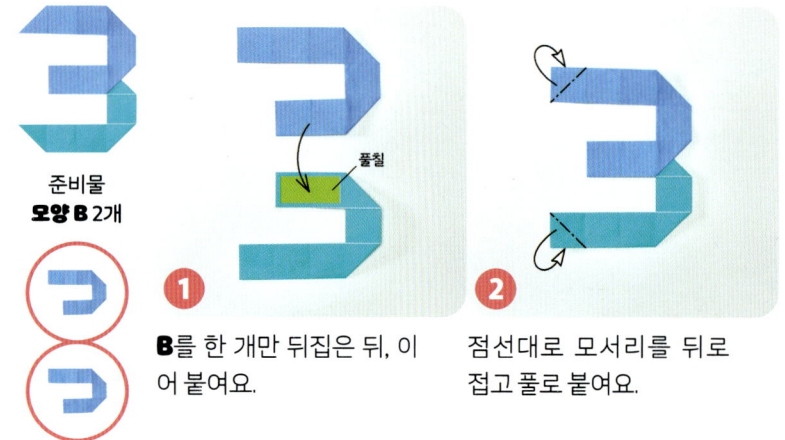

준비물
모양 B 2개

① B를 한 개만 뒤집은 뒤, 이어 붙여요.

② 점선대로 모서리를 뒤로 접고 풀로 붙여요.

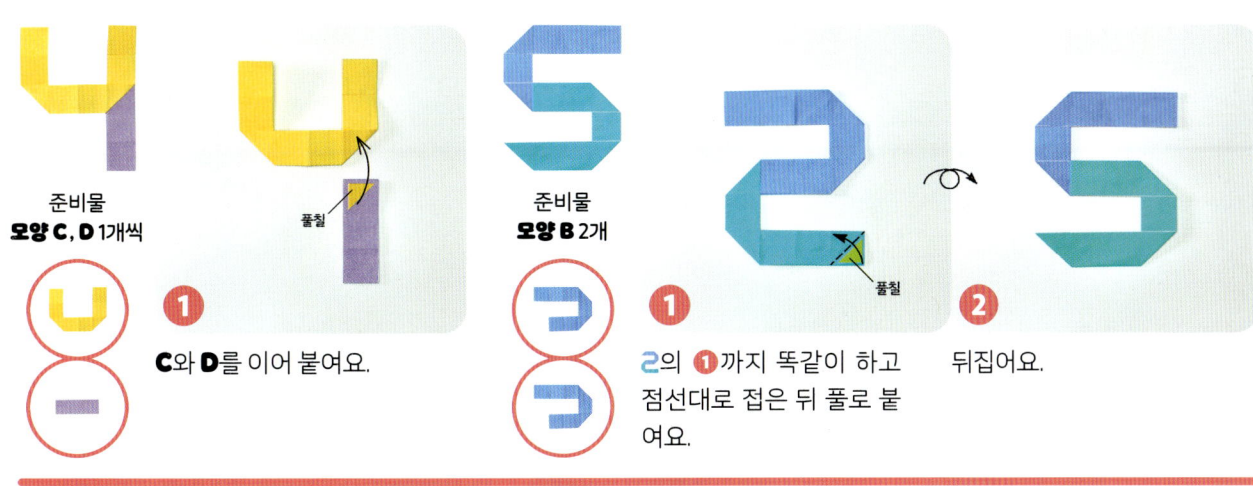

준비물
모양 C, D 1개씩

1 C와 D를 이어 붙여요.

준비물
모양 B 2개

1 2의 ❶까지 똑같이 하고 점선대로 접은 뒤 풀로 붙여요.

2 뒤집어요.

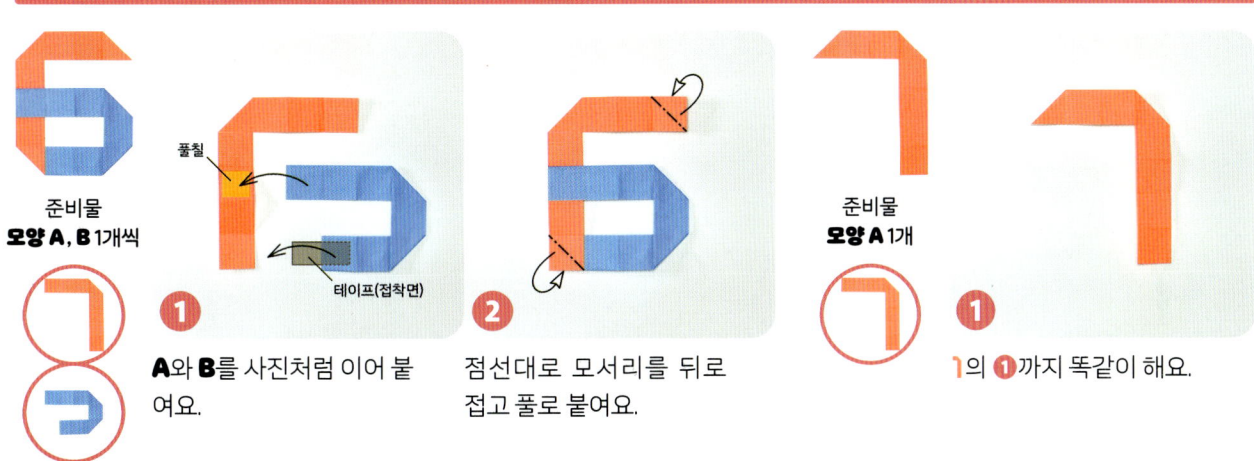

준비물
모양 A, B 1개씩

1 A와 B를 사진처럼 이어 붙여요.

2 점선대로 모서리를 뒤로 접고 풀로 붙여요.

준비물
모양 A 1개

1 1의 ❶까지 똑같이 해요.

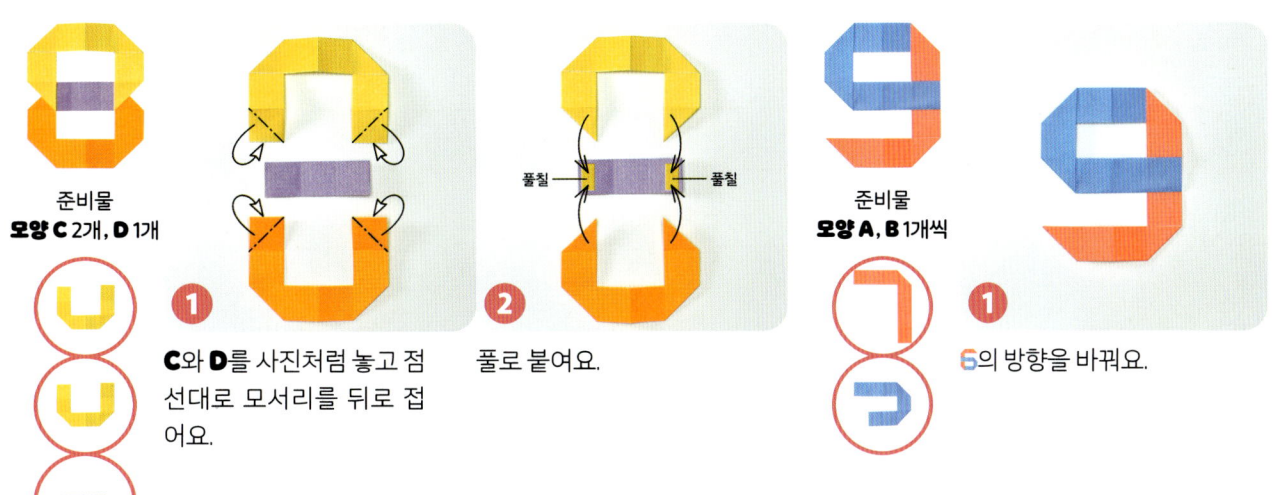

준비물
모양 C 2개, **D** 1개

1 C와 D를 사진처럼 놓고 점선대로 모서리를 뒤로 접어요.

2 풀로 붙여요.

준비물
모양 A, B 1개씩

1 6의 방향을 바꿔요.

봄

작은 인형 ▶ p.34

인형 받침 ▶ p.36

복숭아꽃 ▶ p.38

인형 놀이

보기만 해도 마음이 포근해지는 귀여운 인형과 받침대를 만들어 봐요.
복숭아꽃도 색종이를 접고 오리기만 하면 쉽게 만들 수 있어요.

인형 모빌

리본이나 끈에 소년 인형과 소녀 인형,
복숭아꽃을 이어 붙여요.
매달아 장식할 수 있는 모빌이 된답니다.

작은 인형

발그레한 뺨이 귀여운 소년 인형과 소녀 인형이에요.
만들기 쉽고 간단하답니다. 세워서 장식할 수도 있어요.

레벨

준비물	인형용 색종이(15×15㎝) 1장씩	뺨용 둥근 스티커(8㎜) 2장
	펜 풀	

소년 인형

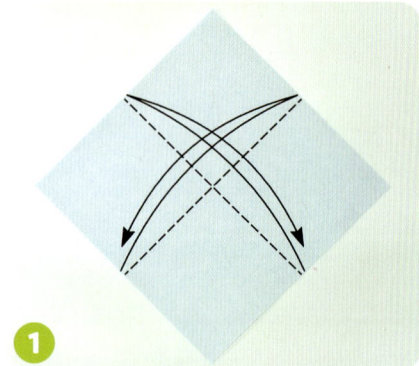

1 가장자리끼리 맞춰 접었다 펴서 표시선을 만들어요.

2 양옆 가장자리를 중심선에 맞춰 접었다 펴서 표시선을 만들어요.

3 왼쪽 아래 가장자리를 중심선에 맞춰 접어요.

4 반대쪽도 똑같이 해요.

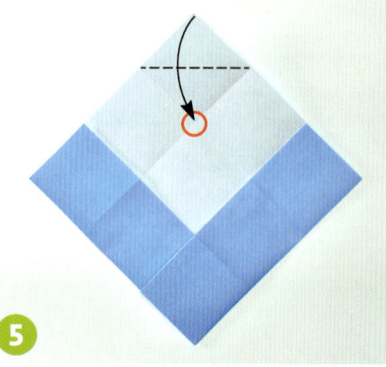

5 위쪽 모서리를 표시선이 만나는 점에 맞춰 접어요.

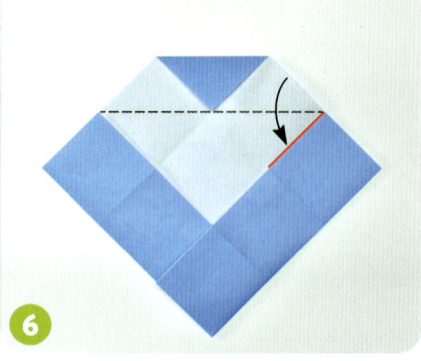

6 오른쪽 위 가장자리를 빨간 선에 맞춰 접어요.

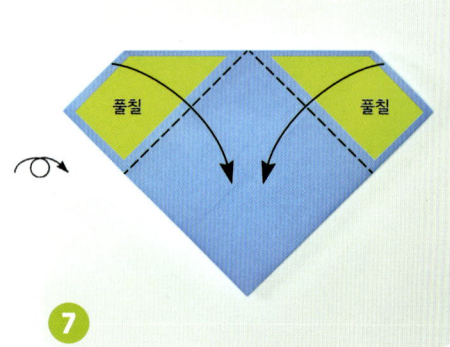

7 뒤집은 뒤, 표시선에 맞춰 접고 풀로 붙여요.

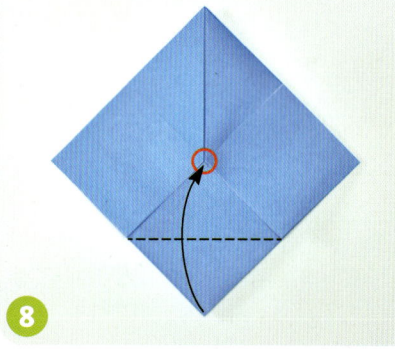

8 아래쪽 모서리와 중심점을 맞춰 접어요.

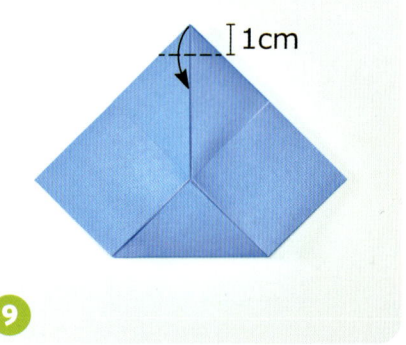

9 윗부분을 1㎝만큼 접어요.

❿ 접은 선 바로 아래를 되접어요.

접은 모습.

뒤집은 뒤, 펜이나 둥근 스티커로 얼굴을 꾸며요.

소녀 인형

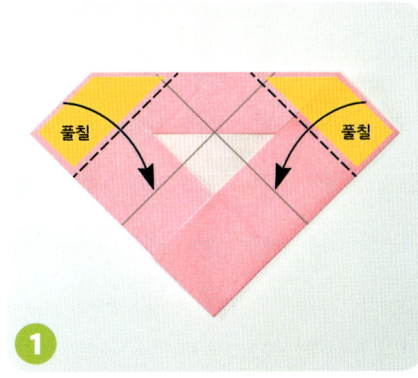

❶ '소년 인형'의 ❻까지 똑같이 해요. 양옆 가장자리를 두 표시선의 중간쯤에 맞춰 접고 풀로 붙여요.

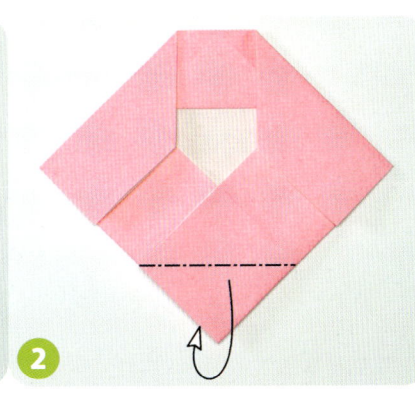

❷ 점선대로 아래쪽 모서리를 뒤로 접어요.

펜이나 둥근 스티커로 얼굴을 꾸며요.

응용방법

세워서 장식하기

소년, 소녀 인형은 둘 다 뒤로 접은 부분을 펼쳐서 세울 수 있어요.
다음 장에 나오는 인형 받침에 세워 놓으면 멋진 장식이 된답니다. 테이프로 잘 붙여서 단단히 고정하면 더 좋아요.

이렇게 세울 수 있어!

35

인형 받침

인형들을 세워서 장식하는 받침대예요.
다른 작품을 장식할 때도 쓸 수 있어요.

레벨 ▲ 2

준비물: 색종이(15×15cm) 1장 | 풀

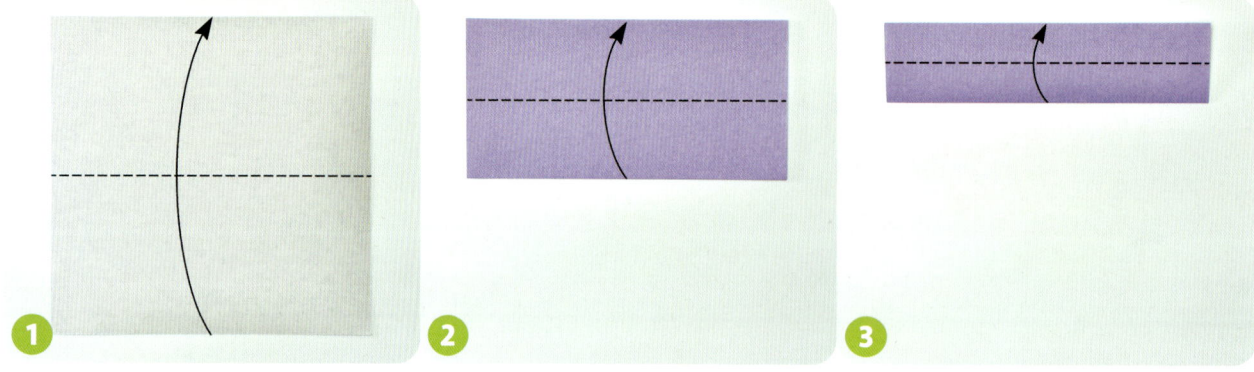

1. 위아래 가장자리를 맞춰 반을 접어요.
2. 다시 반을 접어요.
3. 또 한 번 반을 접어요.

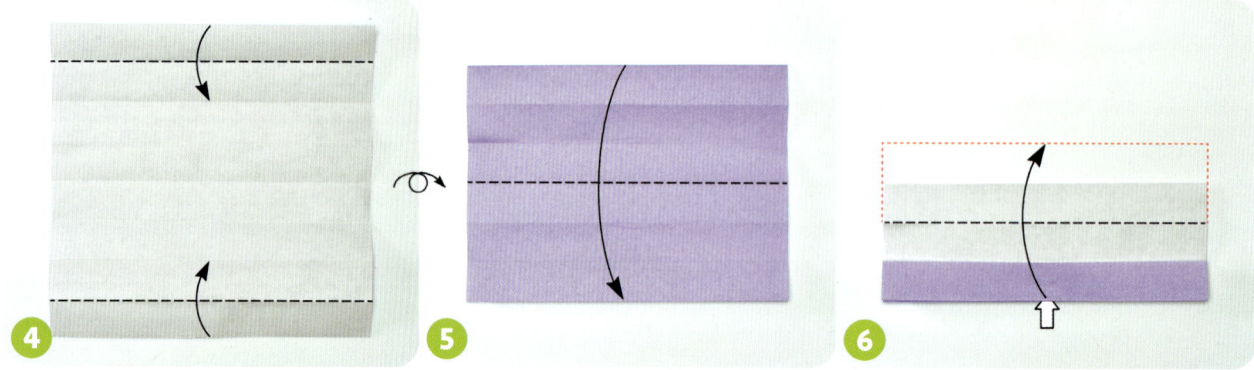

4. 펼친 뒤, 위아래를 각각 첫 번째 표시선대로 접어요.
5. 뒤집은 뒤, 위아래 가장자리를 맞춰 반을 접어요.
6. 맨 위의 표시선대로 한 장만 되접어요.

7. 옆 가장자리를 한 장만 표시선에 맞춰 접어요.
8. 위쪽 가장자리를 맨 위의 표시선대로 접어요.

접은 모습.

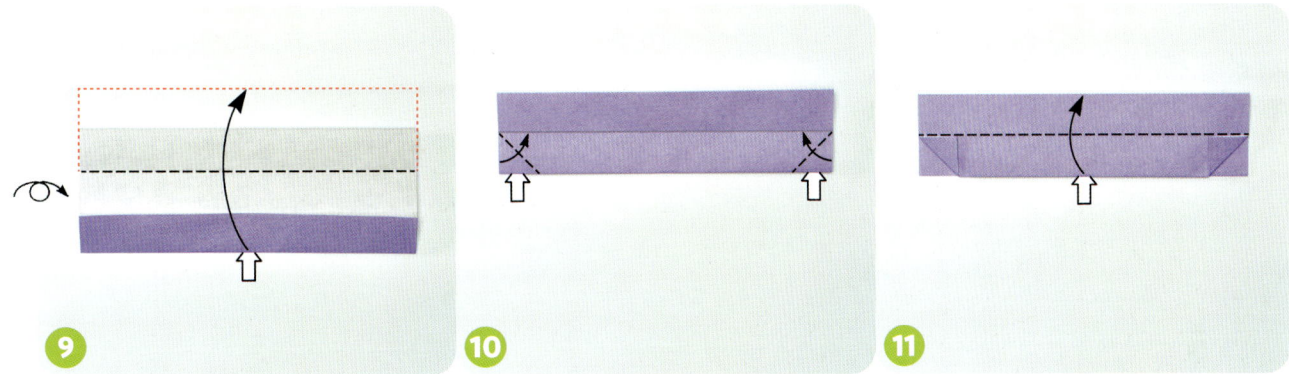

9 뒤집은 뒤, 맨 위의 표시선대로 접어요.

10 옆 가장자리를 한 장만 표시선에 맞춰 접어요.

11 한 장만 표시선대로 접어요.

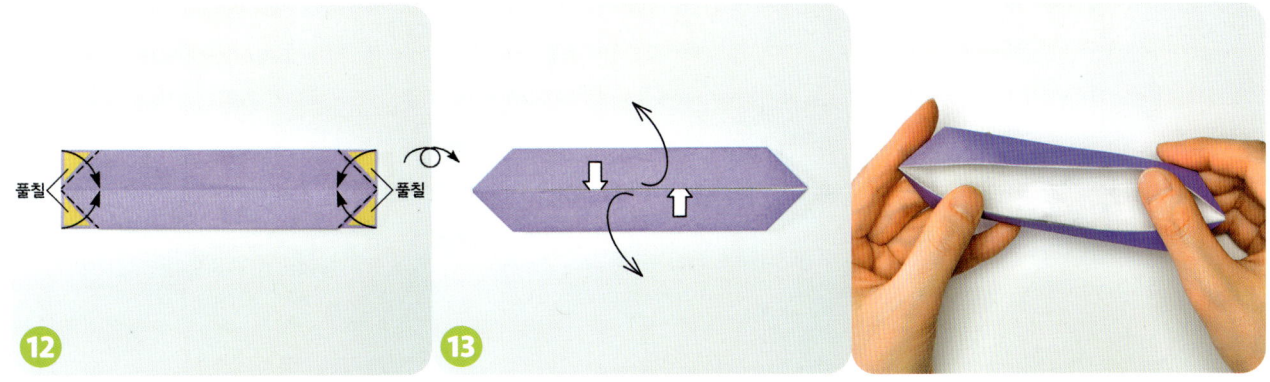

12 중심에 맞춰 모서리를 각각 접고 풀로 붙여요.

13 뒤집은 뒤, 가운데 틈새에 손가락을 넣어 벌려요.

14 모서리의 모양을 정리해요.

뒤집어요.

37

복숭아꽃

인형과 함께 장식할 수 있는 복숭아꽃이에요. 접고 나서 한 번만 오리면 쉽게 만들 수 있답니다.
색종이 크기를 바꿔서 만들면 꽃 크기도 다양해져요.

레벨 ▲ 1

준비물: 색종이(7.5×7.5㎝) 1장 / 가위 / 펜

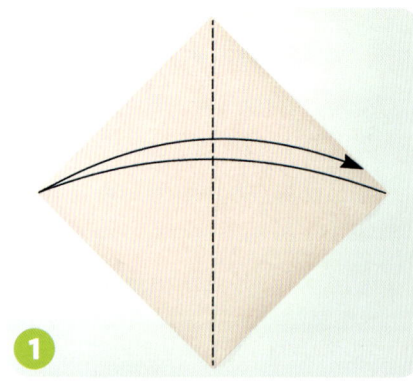

1. 양옆 모서리를 맞춰 접었다 펴서 표시선을 만들어요.

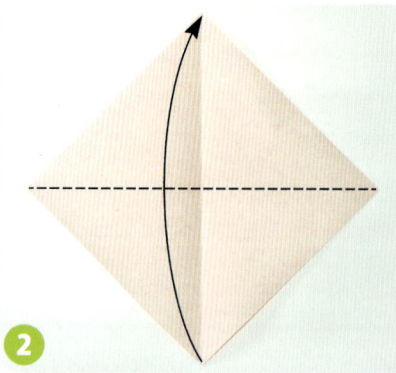

2. 점선대로 반을 접어요.

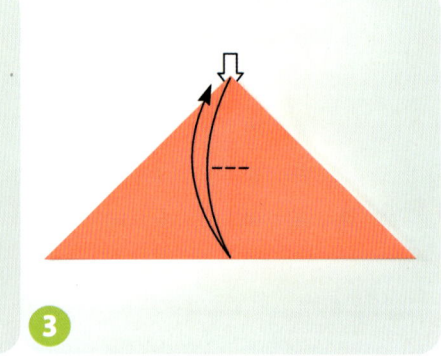

3. 위쪽 모서리 한 장만 아래쪽 가장자리에 맞춰 접었다 펴서 표시해요.

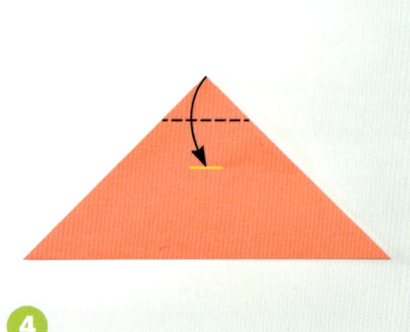

4. 모서리를 ❸의 표시에 맞춰 접어요.

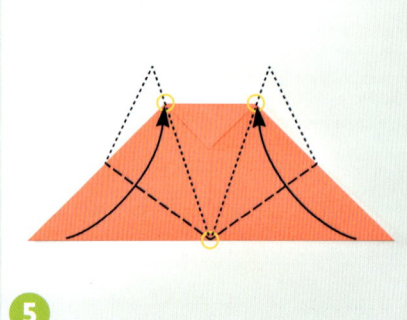

5. 아래쪽 가장자리의 중심을 기준으로 양쪽을 모서리에 맞춰 접어요.

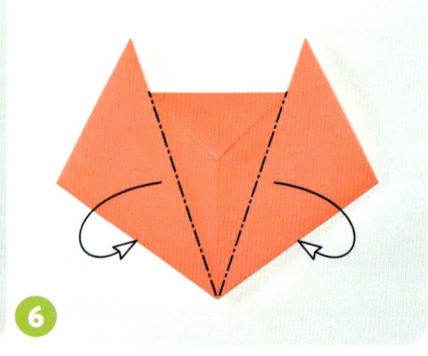

6. 선대로 뒤로 접어요.

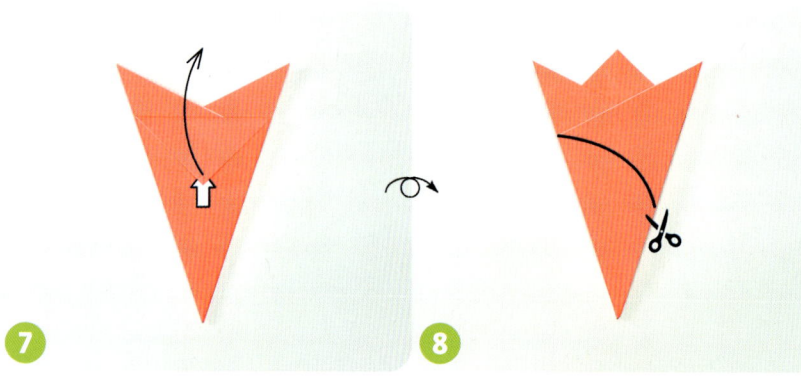

7. 모서리를 펴요.

8. 뒤집은 뒤, 선을 따라 가위로 잘라요.

자른 모습.

펼친 뒤, 중심에 꽃술을 그려 넣어요.

사용방법

큰 꽃과 작은 꽃 비교해 보기

색종이 크기를 15×15㎝, 7.5×7.5㎝ 등으로 바꿔서 만들면 완성된 꽃의 크기도 달라져요. 크고 작은 꽃들을 함께 장식하면 더 예쁘답니다. 얼마나 작게 만들 수 있는지 도전해 볼래요?

실제 크기

❽에서 자를 때 참고하자

부활절

귀여운 토끼와 달걀은 부활절의 주인공이에요.
알록달록한 달걀도 만들 수 있어요.

닭 ▶ p.42

병아리 ▶ p.44

무당벌레 주머니 ▶ p.47

부활절 달걀 토끼 ▶ p.45

벚꽃 ▶ p.49

 # 닭

색종이의 흰 면과 색이 있는 면을 활용해 닭을 만들어요.
뾰족한 볏이 꼭 진짜 같은 느낌이에요.

레벨 2

준비물: 색종이(15×15㎝) 1장   부리용 둥근 스티커(8㎜) ½장

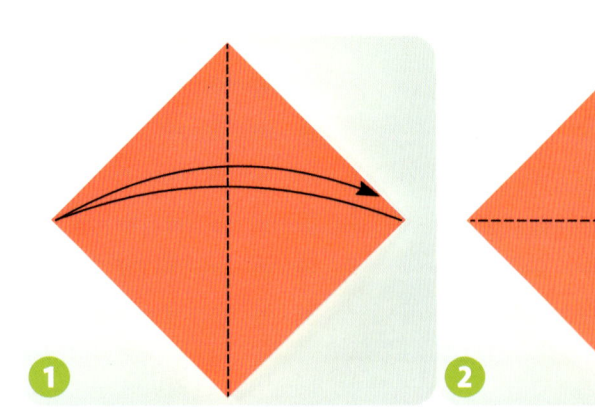

1 양옆 모서리를 맞춰 접었다 펴서 표시선을 만들어요.

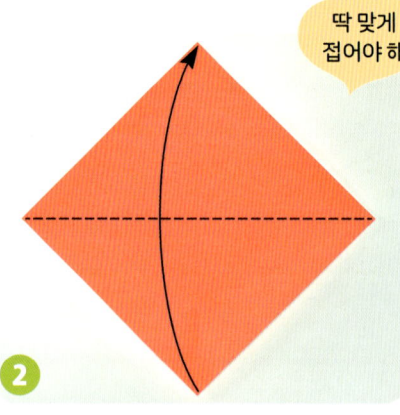

2 위아래 모서리를 맞춰 반으로 접어요.

딱 맞게 접어야 해

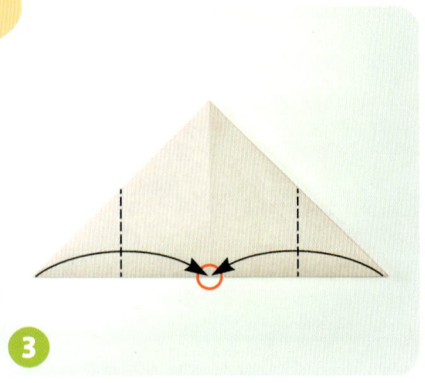

3 양옆 모서리를 가운데 표시선에 맞춰 접어요.

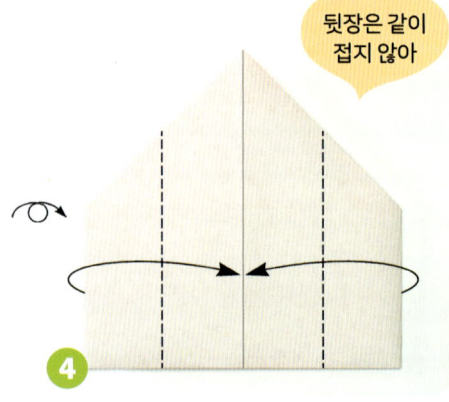

뒷장은 같이 접지 않아

4 뒤집은 뒤, 뒷장이 앞으로 오도록 중심선에 맞춰 접어요.

5 아래쪽 가장자리를 가운데 모서리에 맞춰 접어요.

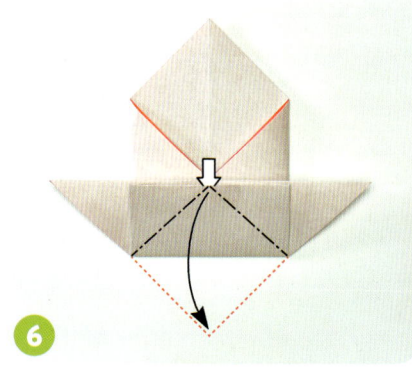

6 모서리를 한 장만 벌리며 눌러 접어요.

벌리며 눌러 접는 모습.

7 아래쪽 모서리를 표시선 가운데 맞춰 접어요.

8 두 모서리를 잇는 선대로 접고 뒤쪽 한 장만 틈새에 끼워 넣어요.

9 모서리를 점선대로 접어요.

10 모서리를 접고 둥글게 다듬어요.

11 뒤집어요.

펜이나 스티커로 얼굴을 꾸며요.

꼬끼오

삐약 삐약

43

병아리

병아리가 달걀에서 나와 "안녕!" 인사하고 있어요.
색종이 한 장으로 충분히 접을 수 있답니다.

레벨

 준비물: 색종이(15×15cm) 1장 | 부리용 둥근 스티커(8mm) ½장 | 뺨용 둥근 스티커(8mm) 2장 | 풀 | 펜

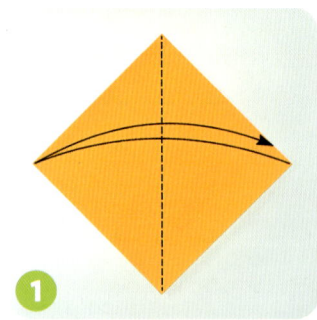
1 양옆 모서리를 맞춰 접었다 펴서 표시선을 만들어요.

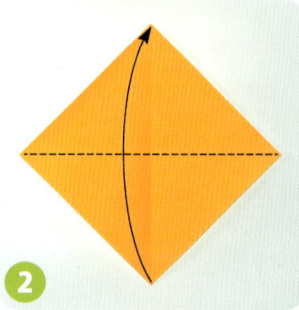
2 위아래 모서리를 맞춰 반으로 접어요.

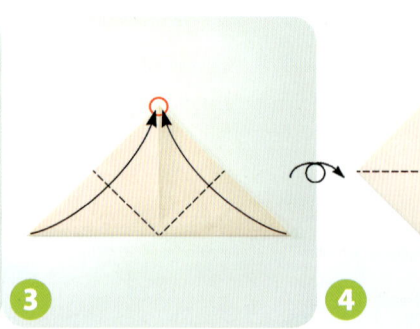
3 모서리끼리 맞춰 접어요.

모서리를 맞춰 접은 곳
4 뒤집은 뒤, 위쪽 모서리 한 장만 맨 아래쪽 모서리에 맞춰 접어요.

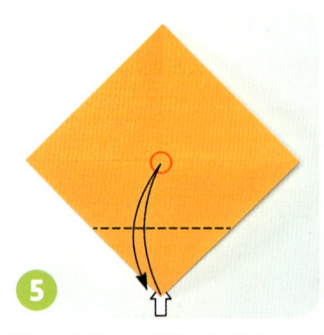
5 맨 아래쪽 모서리 한 장만 중심에 맞춰 접었다 펴서 표시선을 만들어요.

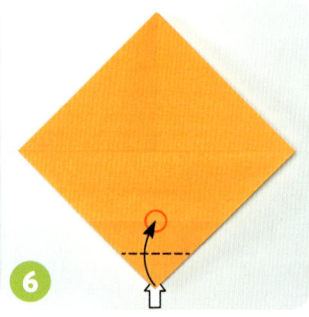
6 맨 아래쪽 모서리 한 장만 표시선에 맞춰 접어요.

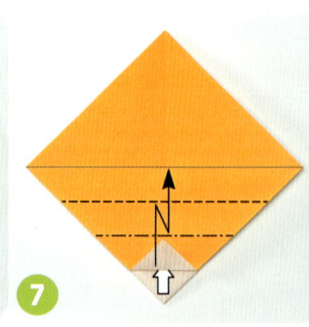
7 표시선을 가운데에 맞춰서 계단 접기해요.

접는 모습

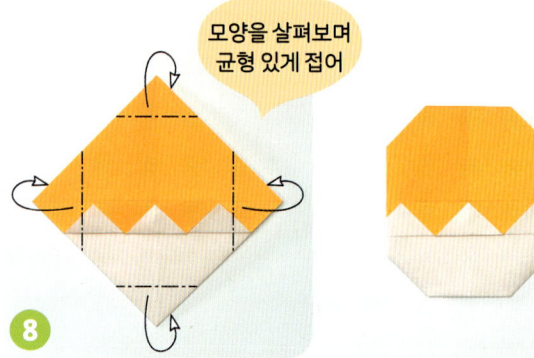
모양을 살펴보며 균형 있게 접어
8 점선대로 모서리를 뒤로 접고 들뜬 부분을 풀로 붙여요.

완성
펜이나 둥근 스티커로 얼굴을 꾸며요.

부활절 달걀 토끼

부활절 달걀에서 얼굴을 빼꼼 내민 귀여운 토끼예요.
달걀과 토끼를 뗐다 붙였다 할 수 있어요.

레벨 2

준비물	토끼용 색종이(15×15㎝) 1장	부활절 달걀용 색종이(15×15㎝) 1장
	뺨용 둥근 스티커(8㎜) 2장	풀	펜

토끼

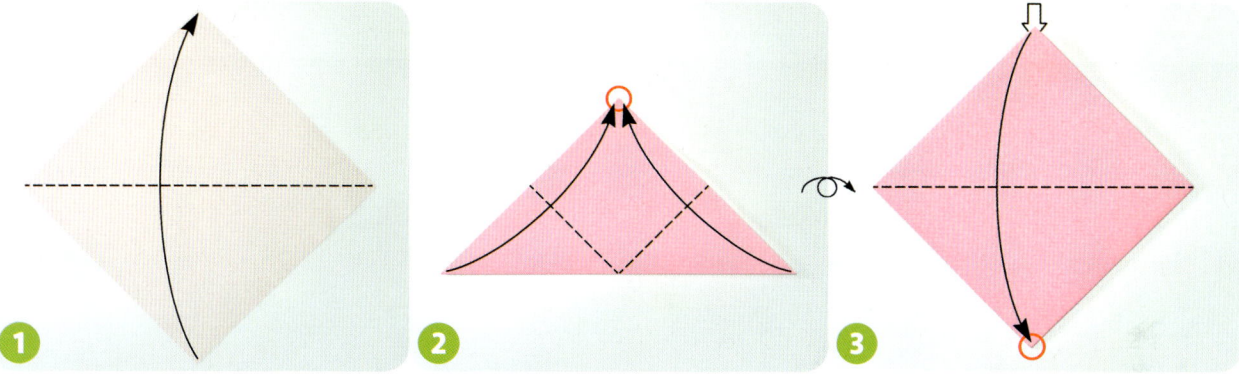

1. 색이 있는 면을 뒤로 놓은 뒤, 위아래 모서리를 맞춰 반으로 접어요.

2. 모서리끼리 맞춰 접어요.

3. 뒤집은 뒤, 위쪽 모서리 두 장만 아래쪽 모서리에 맞춰 접어요.

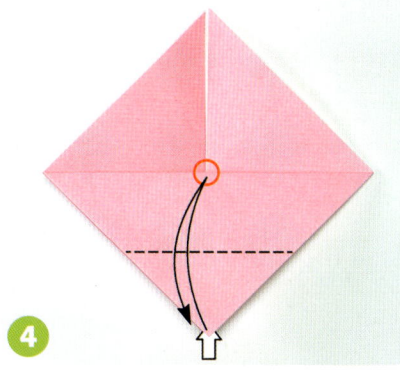
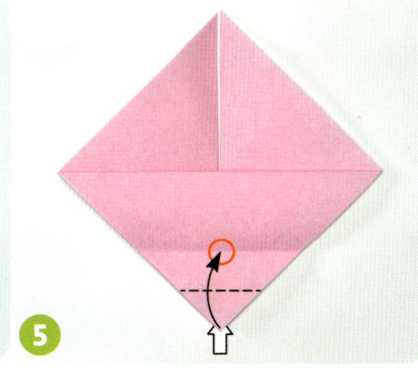
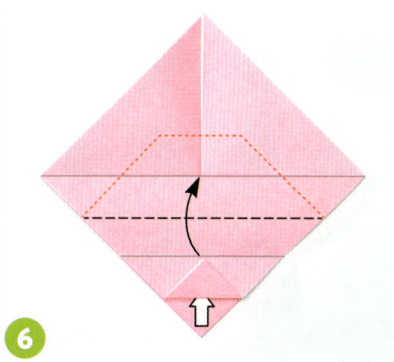

4. 아래쪽 모서리 두 장만 가운데에 맞춰 접었다 펴서 표시선을 만들어요.

5. 아래쪽 모서리 두 장만 표시선에 맞춰 접어요.

6. 표시선 가운데 선에 맞춰 접어요.

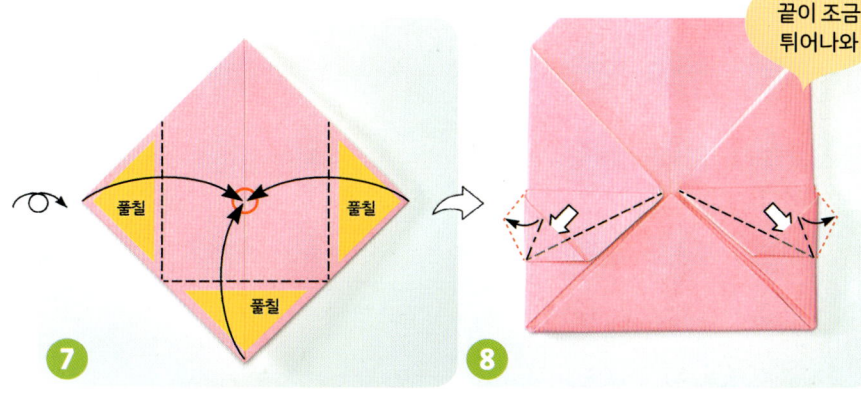
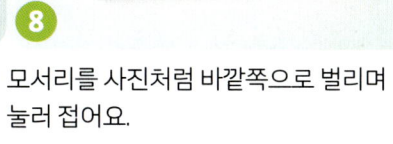
끝이 조금 튀어나와
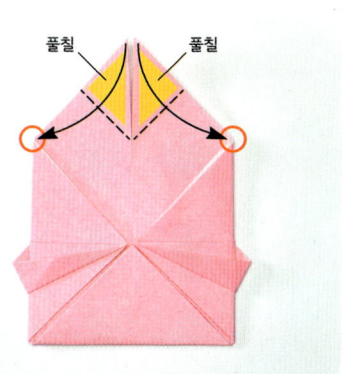

7. 뒤집은 뒤, 세 모서리를 중심에 맞춰 접고 풀로 붙여요.

8. 모서리를 사진처럼 바깥쪽으로 벌리며 눌러 접어요.

9. 맨 위쪽 모서리와 양옆 모서리를 맞춰 접고 풀로 붙여요.

 **부활절 달걀 토끼**

❿ 뒤집어요.

펜이나 둥근 스티커로 얼굴을 꾸며요.

부활절 달걀

❶ 색이 있는 면을 뒤로 놓은 뒤, p.44의 '병아리'와 똑같이 해요.

깡충 깡충

마무리

부활절 달걀에 토끼를 끼워 넣어요.

응용방법

세워서 장식하기

'토끼'의 ❼에서 아래쪽 모서리를 풀로 붙이지 않으면 세워서 장식할 수 있어요.
색종이 색을 바꿔가며 여러 개 만들어 부활절 장식으로 써도 좋아요.

이렇게 세울 수 있어!

# 무당벌레 주머니

무당벌레의 배 부분이 주머니처럼 되어 있어요.
과자를 넣으면 무당벌레가 볼록하게 부풀어 더 귀여워져요.

레벨 ▲▲2

| 준비물 | 색종이(15×15cm) 1장 | 둥근 스티커(8mm) 5장 | 풀 | 펜 |

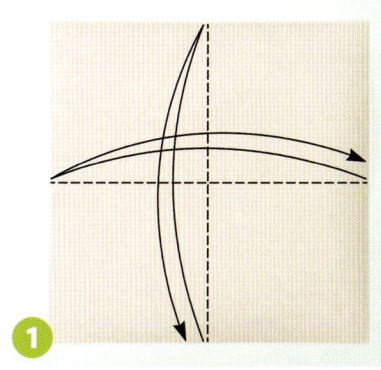

1 가장자리끼리 맞춰 접었다 펴서 표시선을 만들어요.

2 위쪽 모서리를 중심점에 맞춰 접어요.

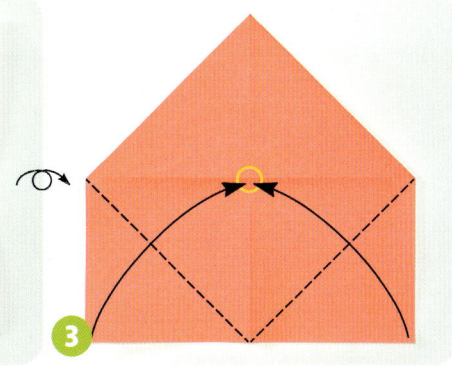

3 뒤집은 뒤, 아래쪽 모서리를 중심점에 맞춰 접어요.

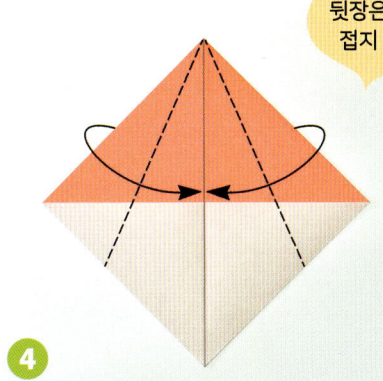

뒷장은 같이 접지 않아

4 뒷장이 앞으로 오게 가장자리를 가운데 표시선에 맞춰 접어요.

5 뒤집은 뒤, 위쪽 모서리를 표시선의 교차점에 맞춰 접었다 펴서 표시해요.

6 위쪽 모서리를 **5**의 표시에 맞춰 접어요.

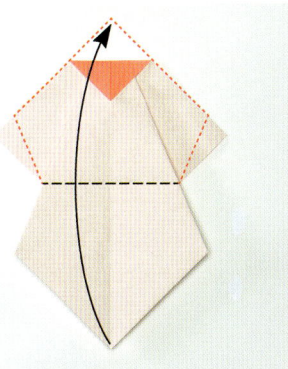

7 가운데 표시선을 따라 아래에서 위로 접어요.

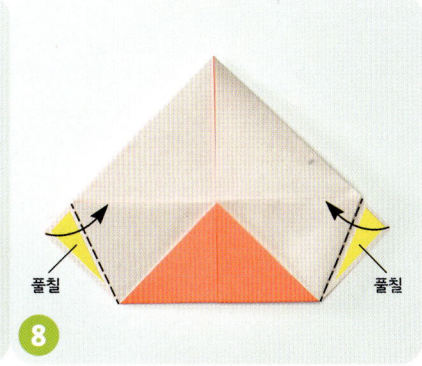

8 가장자리 위치에 맞춰 모서리를 접고 풀로 붙여요.

47

무당벌레 주머니

9 뒤집은 뒤, 점선을 따라 모서리를 뒤로 접어요.

10 네 모서리를 뒤로 접어 둥글게 다듬어요.

11 흰 부분을 펜으로 까맣게 칠해요.

펜이나 둥근 스티커로 무늬를 꾸며요.

사용방법

과자 넣어 보기

주머니 부분을 살짝 벌려서 과자를 넣어 보세요. 볼록하게 부풀어 진짜 무당벌레 같은 모양이 돼요.
양면 색종이로 만들면 안쪽에도 색이나 무늬를 넣을 수 있어요. 무늬용 스티커는 까만색 대신 빨간색이나 노란색 등 다른 색을 써도 좋아요. 알록달록 예쁜 무당벌레를 만들어 보세요.

벚꽃

복숭아꽃에 살짝 가위집을 넣으면 벚꽃으로 변신해요.
작은 색종이로 만들면 더 벚꽃처럼 보인답니다.

레벨

| 준비물 | 색종이(7.5×7.5㎝) 1장 | 펜 | 가위 |

1

p.38 '복숭아꽃'의 ❽에서 선을 따라 다시 오려요.

펼친 뒤, 중심에 꽃술을 그려 넣어요.

사용방법

큰 꽃과 작은 꽃 비교해 보기

색종이 크기를 바꿔가며 큰 벚꽃, 작은 벚꽃을 만들어 보세요. 한가득 늘어놓고 꽃구경도 해 봐요.

 실제 크기

❶에서 자를 때 참고하자

49

봄 시냇물

얼음이 녹은 시냇물의 물고기와 멋진 모자를 색종이로 만들어 보세요.

물고기 ▶ p.52

모자 ▶ p.51

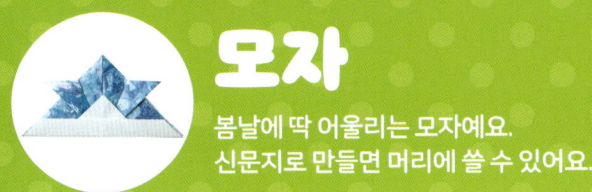

모자

봄날에 딱 어울리는 모자예요.
신문지로 만들면 머리에 쓸 수 있어요.

레벨 ▲1

 색종이(15×15㎝) 1장

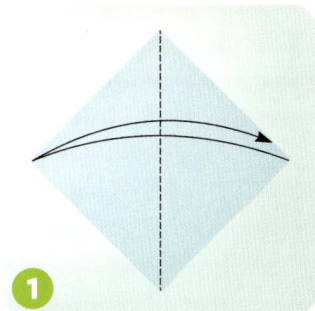

① 양옆 모서리를 맞춰 접었다 펴서 표시선을 만들어요.

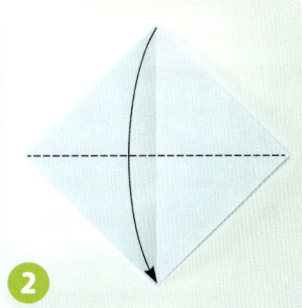

② 위아래 모서리를 맞춰 반으로 접어요.

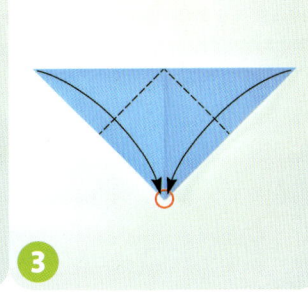

③ 모서리끼리 맞춰 접어요.

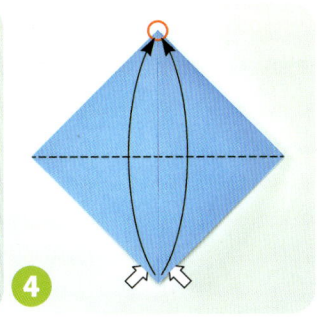

④ 아래쪽 모서리 한 장만 위쪽 모서리에 맞춰 접어요.

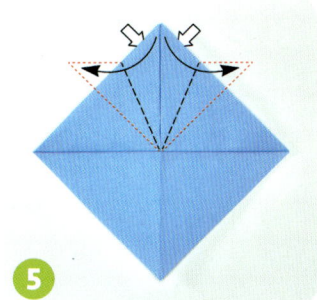

⑤ 점선대로 비스듬히 접어요.

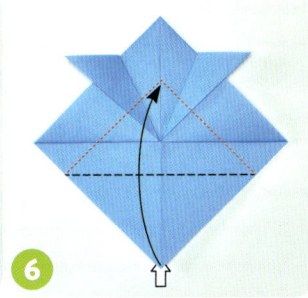

⑥ 아래쪽 모서리 한 장만 점선대로 접어요.

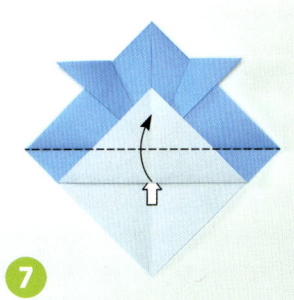

⑦ 점선대로 접어요.

⑧ 모서리를 점선대로 접어요.

접은 모습.

⑨ 접은 부분을 틈새에 끼워 넣어요.

물고기

색종이 두 장을 조합해서 물고기의 비늘을 표현할 수 있어요.
색종이 색을 바꾸면 알록달록한 물고기가 돼요!

레벨

준비물: 색종이(15×15㎝) 2장 | 눈용 둥근 스티커①(15㎜) 1장 | 눈용 둥근 스티커②(8㎜) 1장 | 풀

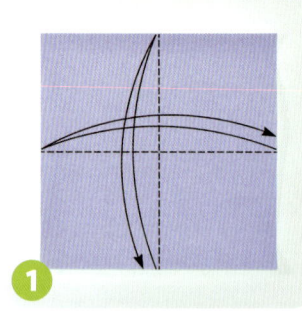

1 가장자리끼리 맞춰 접었다 펴서 표시선을 만들어요.

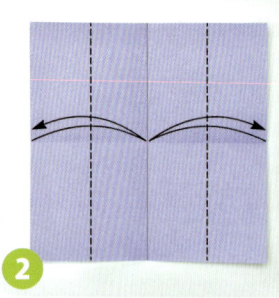

2 양옆 가장자리를 중심선에 맞춰 접었다 펴서 표시선을 만들어요.

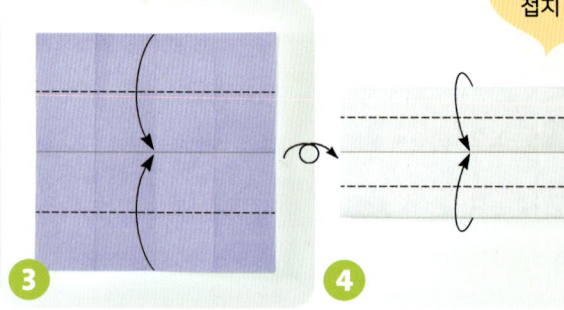

3 위아래 가장자리를 중심선에 맞춰 접어요.

4 뒤집은 뒤, 뒷장이 앞으로 오게 가장자리를 가운데 표시선에 맞춰 접어요.

(뒷장은 같이 접지 않아)

표시선에 맞춰 접는 모습.

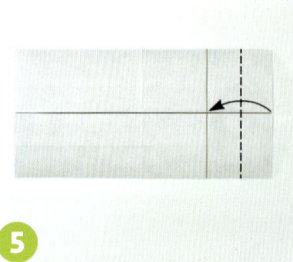

5 오른쪽 가장자리를 가장 오른쪽 표시선에 맞춰 접어요.

6 모서리를 벌리며 눌러 접어요.

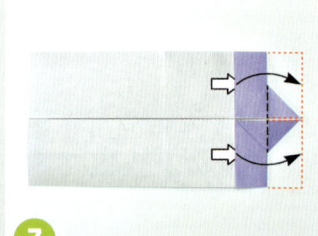

7 ❻에서 접은 부분을 누르면서 점선대로 펼쳐요.

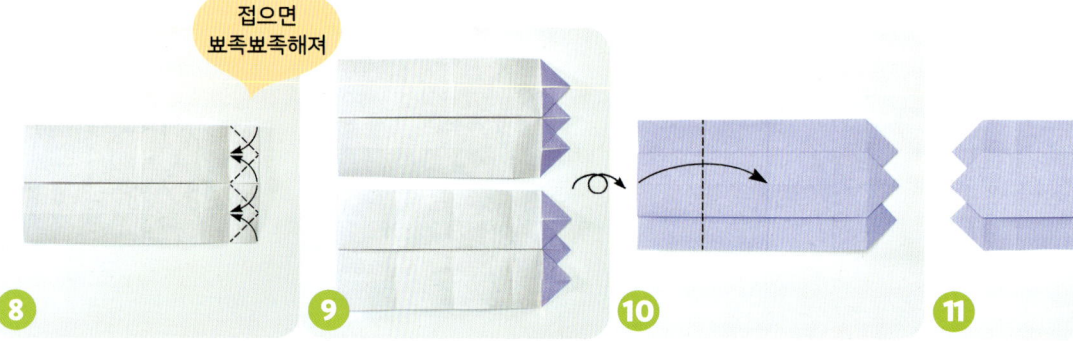

8 점선대로 모서리를 접어요. (접으면 뾰족뾰족해져)

9 같은 모양을 하나 더 만들어요.

10 하나를 뒤집은 뒤, 맨 왼쪽 표시선에 맞춰 접어요.

11 나머지 하나도 뒤집은 뒤, 사진처럼 방향을 돌린 후 맨 오른쪽 표시선에 맞춰 오른쪽 가장자리를 접어요.

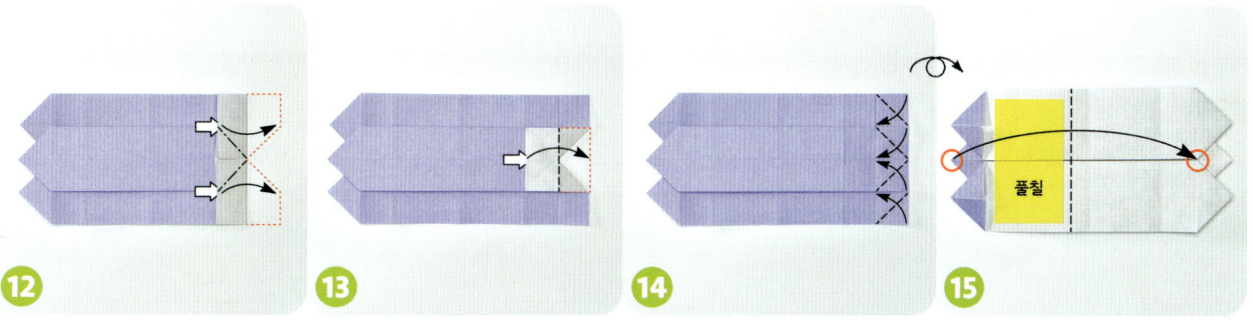

⑫ 사진처럼 모서리를 벌리며 눌러 접어요.

⑬ ⑫에서 접은 부분을 누르면서 점선대로 펼쳐요.

⑭ 점선대로 모서리를 접어요.

⑮ 뒤집은 뒤, ○과 ○을 맞춰 접은 뒤 풀로 붙여요.

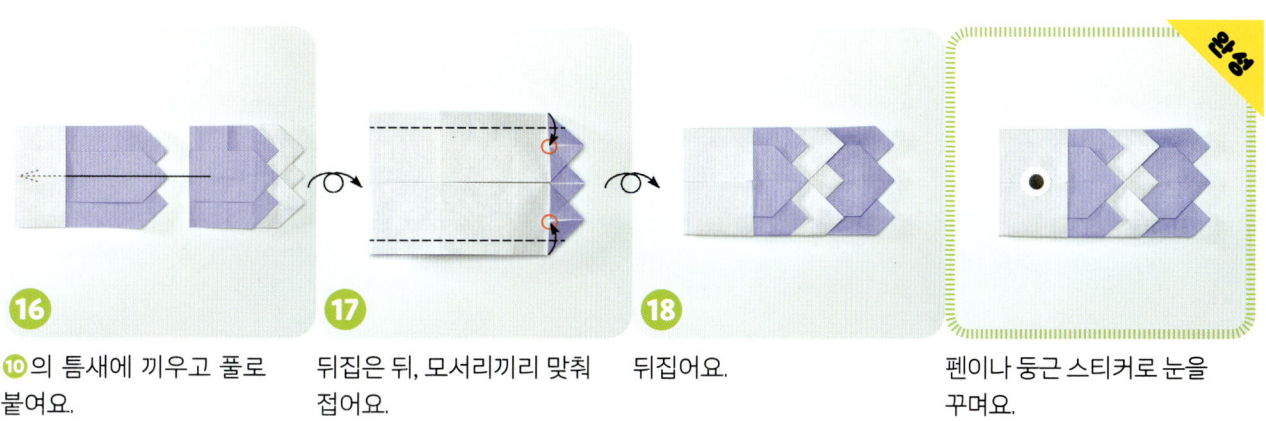

⑯ ⑩의 틈새에 끼우고 풀로 붙여요.

⑰ 뒤집은 뒤, 모서리끼리 맞춰 접어요.

⑱ 뒤집어요.

펜이나 둥근 스티커로 눈을 꾸며요.

응용방법

꼬마 물고기

11.25×11.25cm(15cm의 ¾ 크기) 색종이로 만들면 귀여운 꼬마 물고기가 돼요. 눈도 작아진답니다.
원하는 크기에 맞춰 색종이를 골라 보세요. 색종이 두 장의 색을 다르게 하면 알록달록한 물고기를 만들 수 있어요.

장마

장마라서 매일 비가 와도, 귀여운 개구리와
올챙이를 보면 기분이 좋아지지 않을까요?
날이 개기를 기다리며 날씨 맑음 인형도 만들어 보세요.

우산 ▶ p.61

연잎 ▶ p.56

올챙이 ▶ p.58

연잎

두둥실 떠 있는 연잎 위로 개구리가 올라탈 것 같아요.
여러 개를 만들거나 크기를 다르게 만들어 장식하면 좋아요.

레벨 ▲ 2

준비물: 색종이(7.5cm×15cm) 1장

1 양옆 가장자리를 맞춰 접었다 펴서 표시선을 만들어요.

2 양옆 가장자리를 위쪽 가장자리에 맞춰 접어요.

3 뒤집은 뒤, 뒷장이 앞으로 오게 양옆 가장자리를 가운데 표시선에 맞춰 접어요.

뒷장은 같이 접지 않아

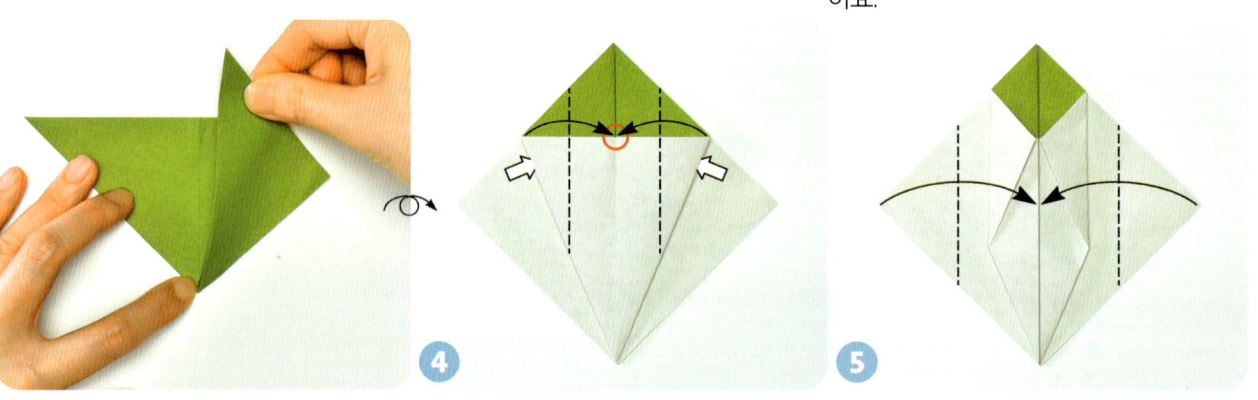

4 뒷장이 앞으로 오게 접는 모습.

뒤집은 뒤, 모서리끼리 맞춰 접어요.

5 양옆 모서리를 가운데 표시선에 맞춰 접어요.

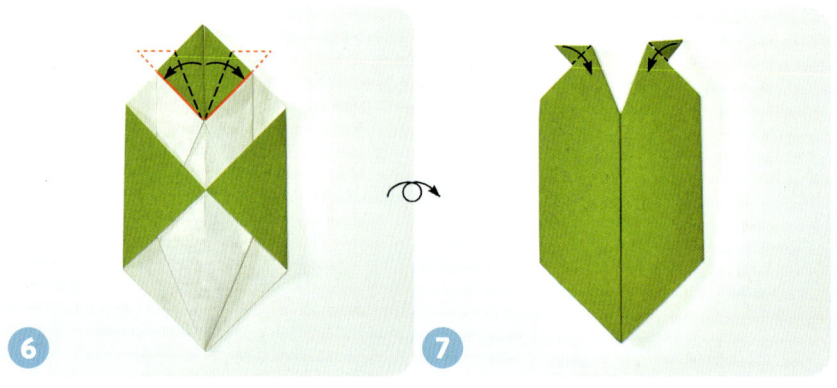

6 사진처럼 가운데 가장자리와 빨간 선을 맞춰 접어요.

7 뒤집은 뒤, 튀어나온 부분을 접어요.

접은 모습.

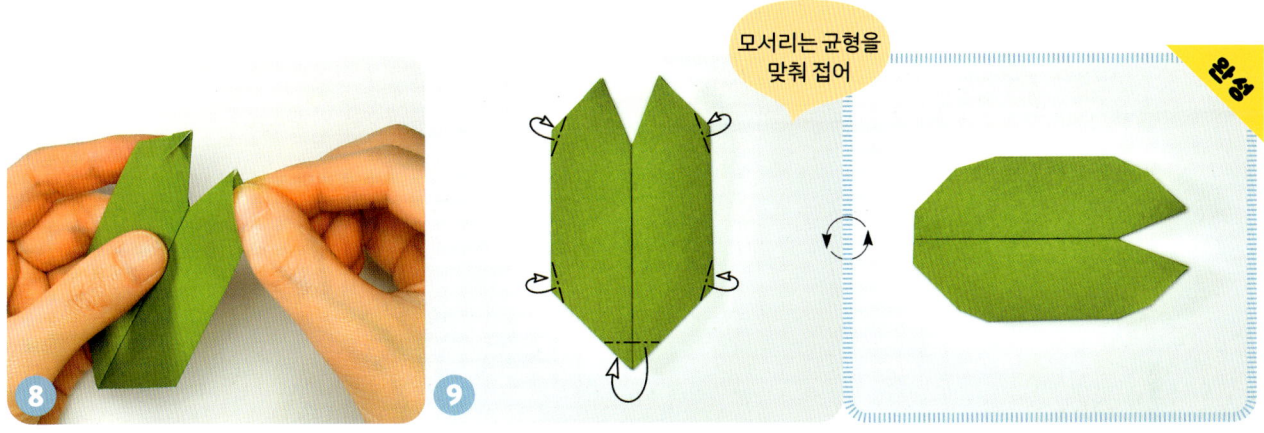

모서리는 균형을 맞춰 접어

❼에서 접은 부분을 틈새에 끼워 넣어요.   모서리를 뒤로 접어 둥글게 다듬어요.   방향을 돌려요.

응용방법

줄기 붙이기

완성된 연잎에 줄기를 붙여 보세요.
꼭 나뭇잎 우산 같죠?

색종이(10×1.875㎝) 1장

풀

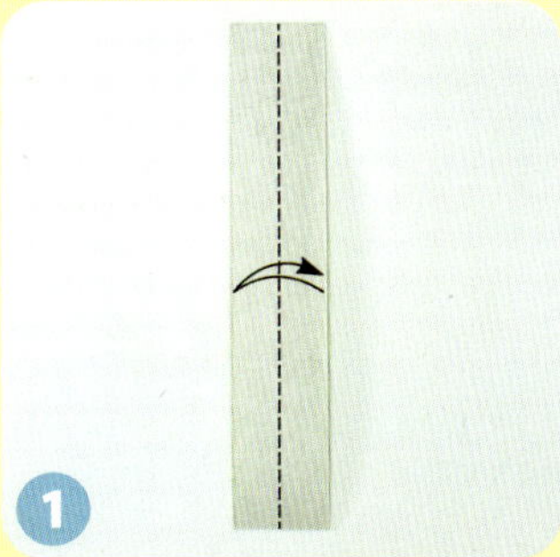

① 양옆 가장자리를 맞춰 접었다 펴서 표시선을 만들어요.

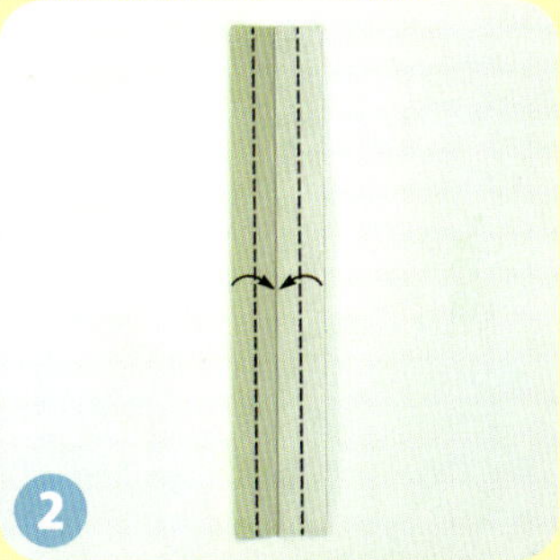

② 양옆 가장자리를 중심선에 맞춰 접어요.

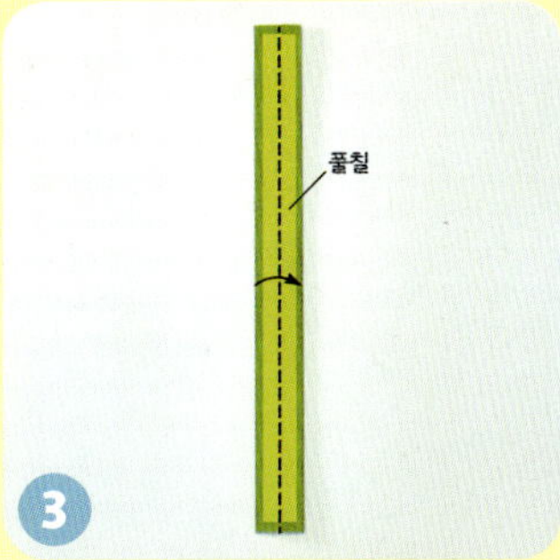

③ 중심선대로 접고 풀로 붙여요.    줄기를 잎 뒷면에 풀로 붙여요.

풀칠

57

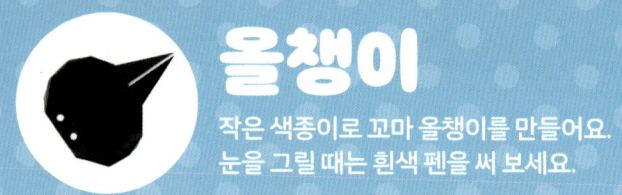 # 올챙이

작은 색종이로 꼬마 올챙이를 만들어요.
눈을 그릴 때는 흰색 펜을 써 보세요.

레벨 3

준비물: 색종이 (7.5×7.5㎝) 1장 / 펜

※여기서는 이해하기 쉽게 15×15㎝ 종이를 사용했어요.

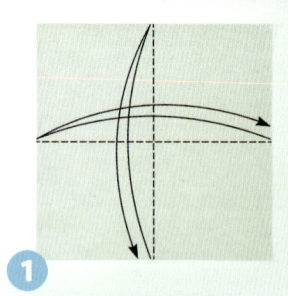
1 가장자리끼리 맞춰 접었다 펴서 표시선을 만들어요.

2 아래쪽 모서리 두 군데를 중심점에 맞춰 접어요.

3 아래쪽 모서리를 중심점에 맞춰 접었다 펴서 표시선을 만들어요.

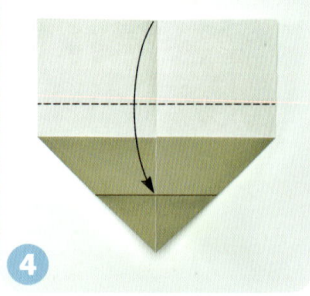
4 위쪽 가장자리를 표시선에 맞춰 접어요.

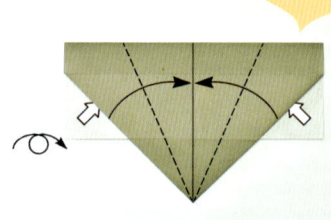
꼬리 부분이니 뾰족하게 접어
5 뒤집은 뒤, 양옆 가장자리 두 군데를 표시선에 맞춰 접어요.

들뜬 부분을 위쪽 가장자리의 빨간 선에 맞춰 눌러 접어요.

위쪽 가장자리에 맞춰 접은 모습
양옆을 똑같이 접은 모습.

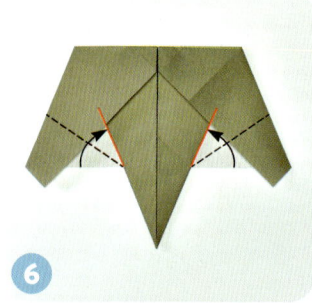
6 아래쪽 가장자리를 빨간 선에 맞춰 접어요.

7 ○과 ○을 맞춰 접어요.

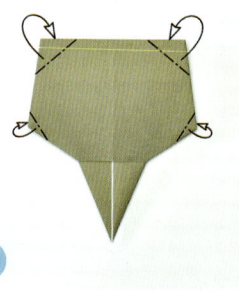
8 뒤집은 뒤, 점선대로 모서리를 뒤로 접어 둥글게 다듬어요.

완성
펜으로 눈을 그려요.

개구리

폴짝폴짝 개구리는 p.45의 '토끼'와 중간까지 접는 방법이 같아요.
입 모양을 다르게 그리면 표정도 달라진답니다.

레벨

준비물: 색종이(15×15㎝) 1장 · 눈용 둥근 스티커(5㎜) 2장 · 뺨용 둥근 스티커(8㎜) 2장 · 풀 · 펜

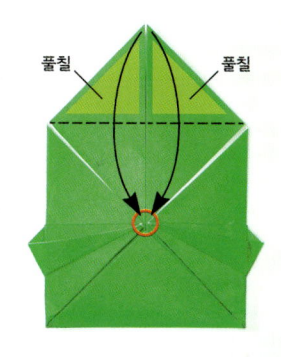

1 p.45 '부활절 달걀 토끼'의 '토끼' ❽까지 똑같이 해요. 모서리를 중심점에 맞춰 접고 풀로 붙여요.

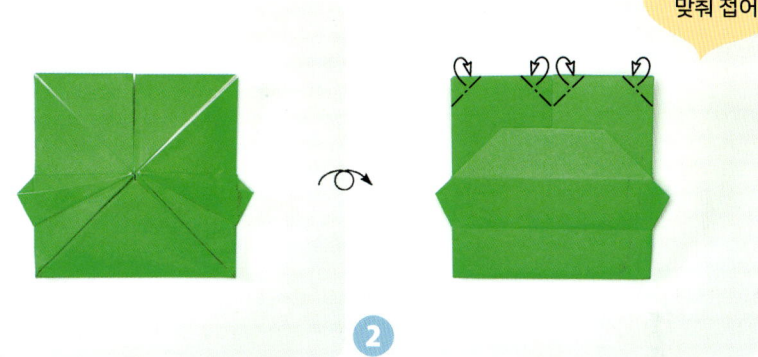

2 뒤집은 뒤, 모서리를 뒤로 접어요.

균형을 맞춰 접어

펜이나 둥근 스티커로 얼굴을 꾸며요.

잘접는요령

끝이 딱 맞게 접기

색종이 끝이 딱 맞게 접어 보세요. 작품을 깔끔하게 완성할 수 있어요. 종이접기의 기본이자 중요한 부분이랍니다.

끝을 딱 맞추자

개굴 개굴

개굴 개굴

59

날씨 맑음 인형

비를 그치게 해주는 날씨 맑음 인형도 색종이로 만들 수 있어요.
날씨가 좋아지길 기대하며 창문에 달아 보세요.

레벨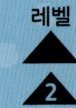

| 준비물 | 색종이(15×7.5㎝) 1장 | 뺨용 둥근 스티커(8㎜) 2장 | 펜 |

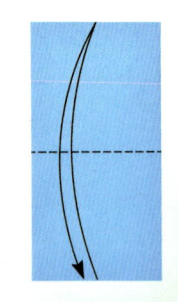
1 위아래 가장자리를 맞춰 접었다 펴서 표시선을 만들어요.

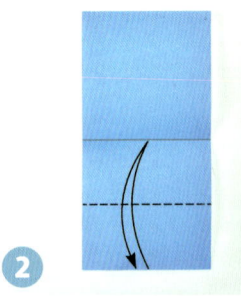
2 아래쪽 가장자리를 중심선에 맞춰 접었다 펴서 표시선을 만들어요.

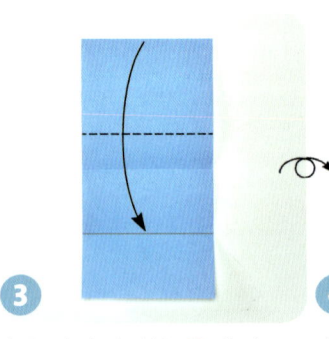
3 위쪽 가장자리를 ❷에서 만든 표시선에 맞춰 접어요.

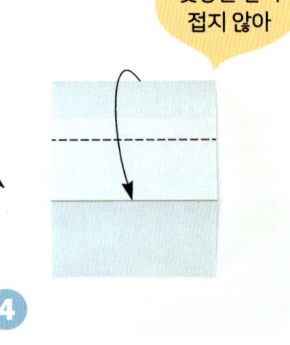
뒷장은 같이 접지 않아
4 뒤집은 뒤, 뒷장이 앞으로 오게 가장자리를 아래 표시선에 맞춰 접어요.

뒷장이 앞으로 오게 하는 모습.
5 뒤집은 뒤, 모서리를 표시선에 맞춰 접었다 펴서 또 표시선을 만들어요.

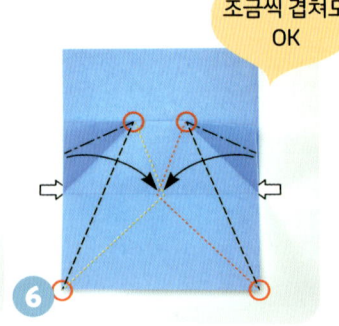
조금씩 겹쳐도 OK
6 표시선을 따라 모서리를 벌리고 ○과 ○을 잇는 선대로 눌러 접어요.

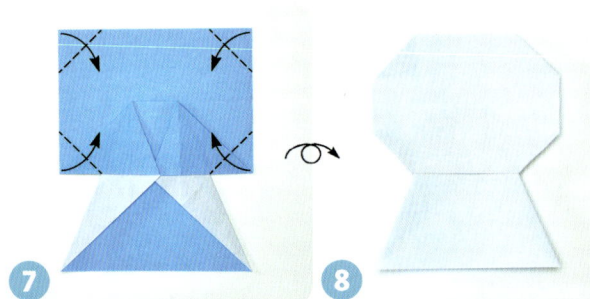
7 모서리를 접어 둥글게 다듬어요.

8 뒤집어요.

완성
펜이나 둥근 스티커로 얼굴을 꾸며요.

 # 우산

어떤 우산이 좋을지 상상하며 색종이로 만들어 보세요.
마음에 쏙 드는 우산을 쓰면 비 오는 날에도 신이 나요.

레벨

 준비물: 우산용 색종이(7.5×15㎝) 1장 / 손잡이용 색종이(15×1.875㎝) 1장 / 풀

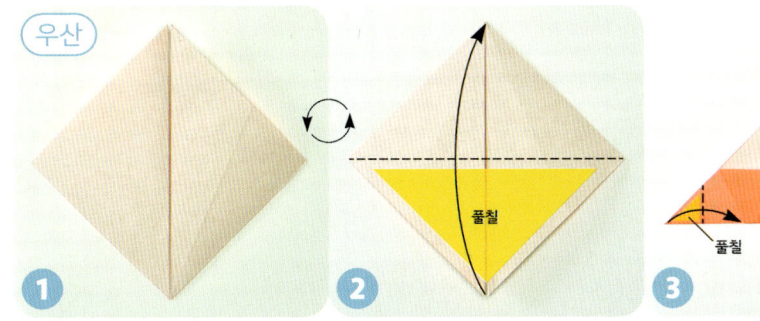
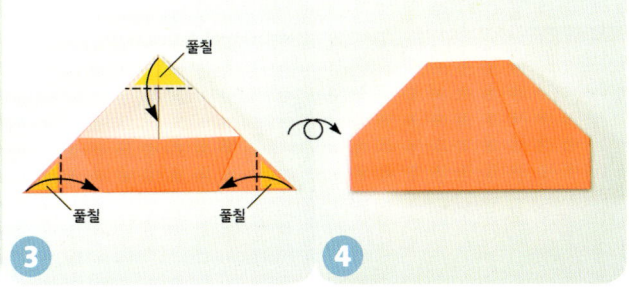

(우산)

1. 색이 있는 면을 앞으로 놓고 p.56 '연잎'의 ❸까지 똑같이 해요.
2. 방향을 돌려 위아래를 뒤집은 뒤, 모서리끼리 맞춰 접고 풀로 붙여요.
3. 점선대로 모서리를 접고 풀로 붙여요.
4. 뒤집어요.

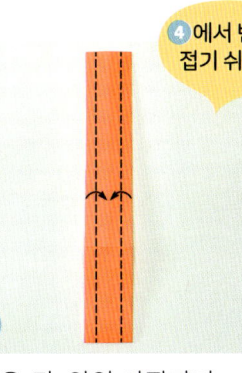
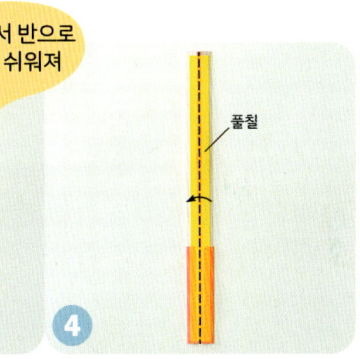

(손잡이)

❹에서 반으로 접기 쉬워져

1. 가장자리끼리 맞춰 접었다 펴서 표시선을 만들어요.
2. 아래쪽 가장자리를 표시선에 맞춰 접어요.
3. 뒤집은 뒤, 양옆 가장자리를 중심선보다 약간 바깥쪽에 맞춰 접어요.
4. 중심선대로 반을 접고 풀로 붙여요.

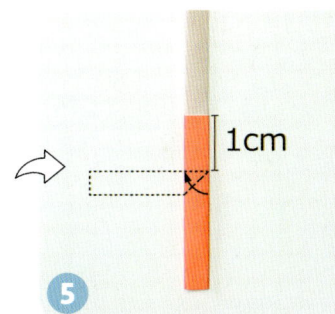
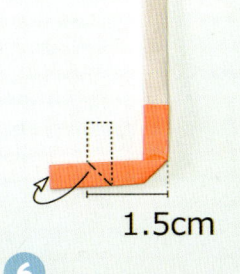

5. 색 있는 면의 윗부분을 1㎝ 정도 접어요.
6. 오른쪽 모서리에서 1.5㎝ 정도 떨어진 곳을 뒤로 접어요.

우산 위로 손잡이 끝이 튀어나오게 붙여요.

소원 종이 ▶ p.71

칠석

견우와 직녀가 1년에 딱 한 번 만날 수 있는 날이에요. 소원을 적는 소원 종이와 대나무 잎 벽걸이 장식을 색종이로 만들어 보세요.

견우 ▶ p.67

대나무 잎 벽걸이 ▶ p.70

더 빨리 수영할 수 있게 해주세요

직녀 ▶ p.64

별 ▶ p.68

직녀

칠석에만 만날 수 있는 견우와 직녀를 함께 만들어 봐요.
직녀의 선녀 옷은 아름답게 팔락이는 느낌으로 마무리해요.

레벨
3

준비물	얼굴용 색종이(15×15㎝) 1장	몸용 색종이(15×15㎝) 1장	허리띠용 색종이(1×7.5㎝) 1장	옷용 색종이(15×3.75㎝) 2장
	머리카락용 색종이(1.875×7.5㎝) 1장	뺨용 둥근 스티커(8㎜) 2장	펜	풀

얼굴

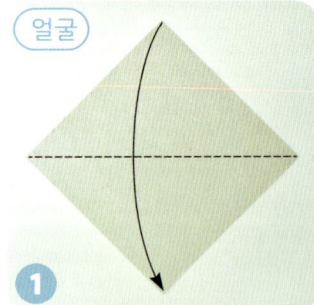

1 위아래 모서리를 맞춰 반으로 접어요.

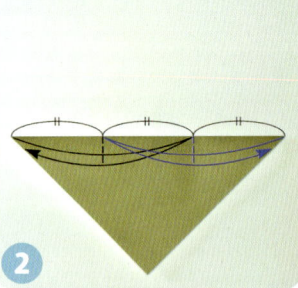

2 가장자리를 S자로 접어 세 등분으로 나눠 표시를 만들어요 (자로 약 7㎝씩 재도 좋아요).

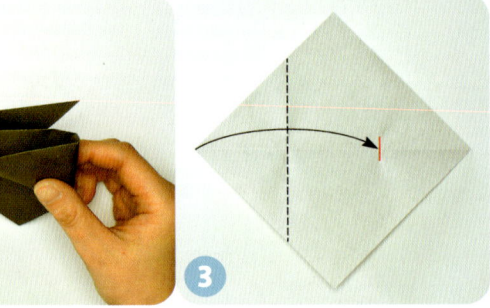

3 펼친 뒤, 왼쪽 모서리를 오른쪽 표시에 맞춰 접어요.

4 오른쪽 모서리를 점선대로 ○에 맞춰 접어요.

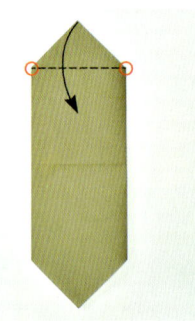

5 뒤집은 뒤, ○과 ○을 잇는 선대로 접어요.

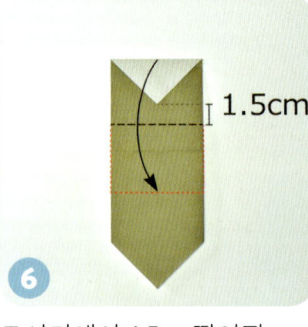

6 모서리에서 1.5㎝ 떨어진 위치에서 아래로 접어요.

7 점선대로 모서리를 뒤로 접어요.

8 펜이나 둥근 스티커로 얼굴을 꾸며요.

머리카락 ※여기서는 이해하기 쉽게 3.75×15㎝ 색종이를 사용했어요.

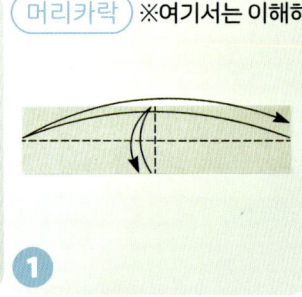

1 가장자리끼리 맞춰 접었다 펴서 표시선을 만들어요.

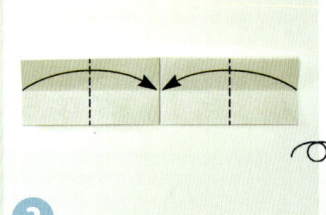

2 양옆 가장자리를 중앙선에 맞춰 접어요.

뒷장은 같이 접지 않아

3 뒤집은 뒤, 뒷장이 앞으로 오게 가장자리를 가운데 표시선에 맞춰 접어요.

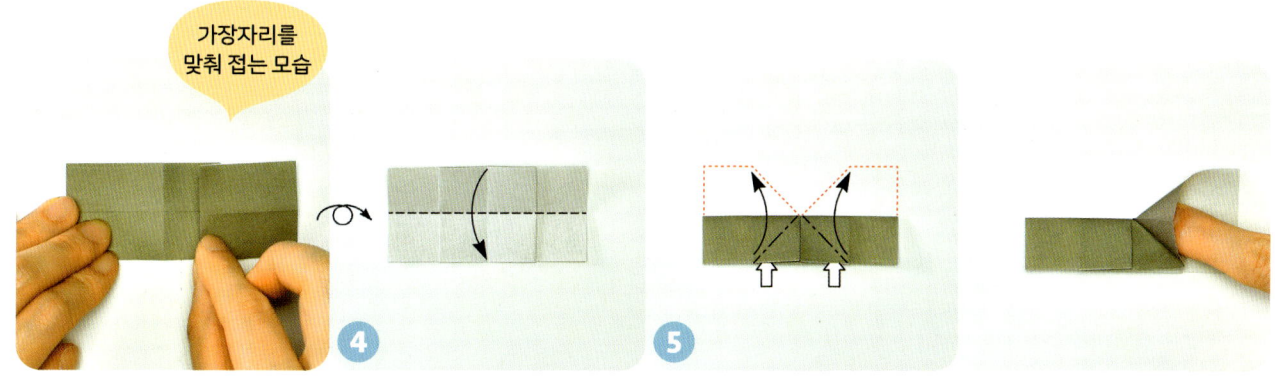

가장자리를 맞춰 접는 모습

④ 뒤집은 뒤, 표시선대로 반을 접어요.

⑤ 두 모서리를 벌리며 눌러 접어요.

벌리며 눌러 접는 모습.

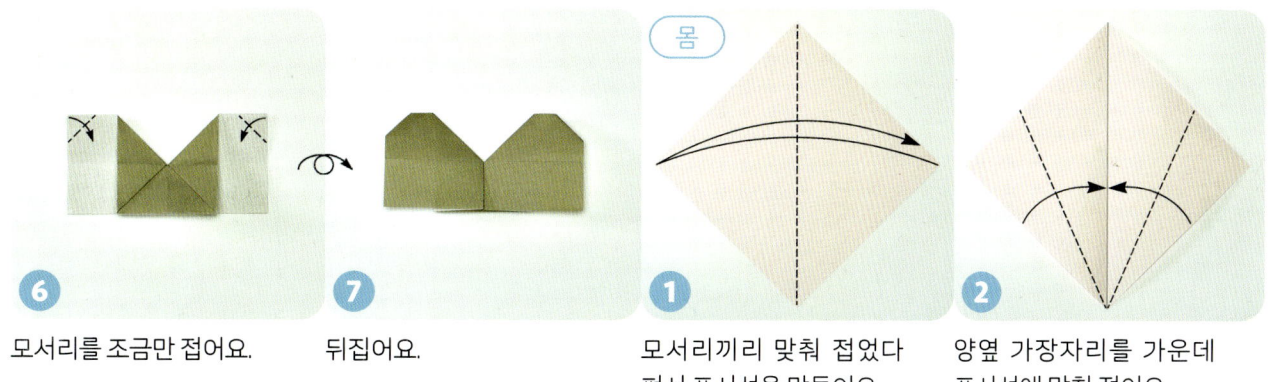

⑥ 모서리를 조금만 접어요.

⑦ 뒤집어요.

몸

① 모서리끼리 맞춰 접었다 펴서 표시선을 만들어요.

② 양옆 가장자리를 가운데 표시선에 맞춰 접어요.

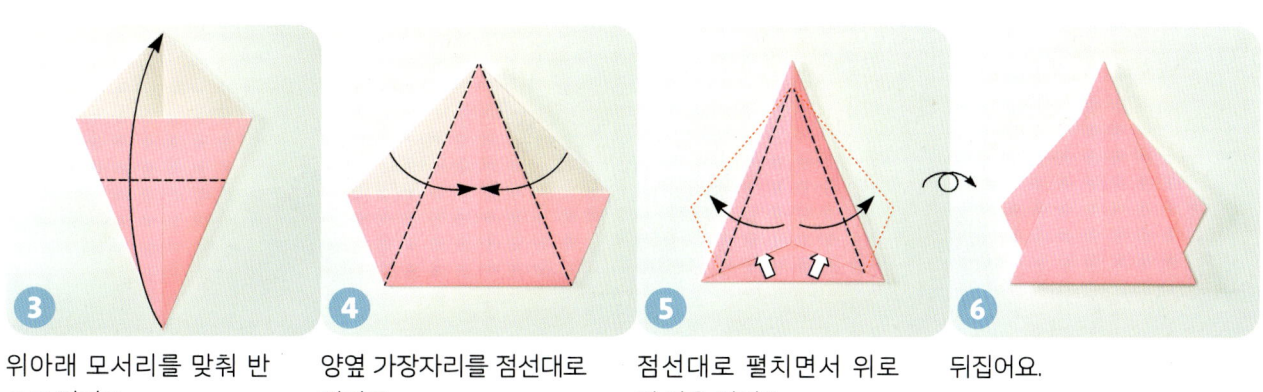

③ 위아래 모서리를 맞춰 반으로 접어요.

④ 양옆 가장자리를 점선대로 접어요.

⑤ 점선대로 펼치면서 위로 한 장을 접어요.

⑥ 뒤집어요.

65

직녀

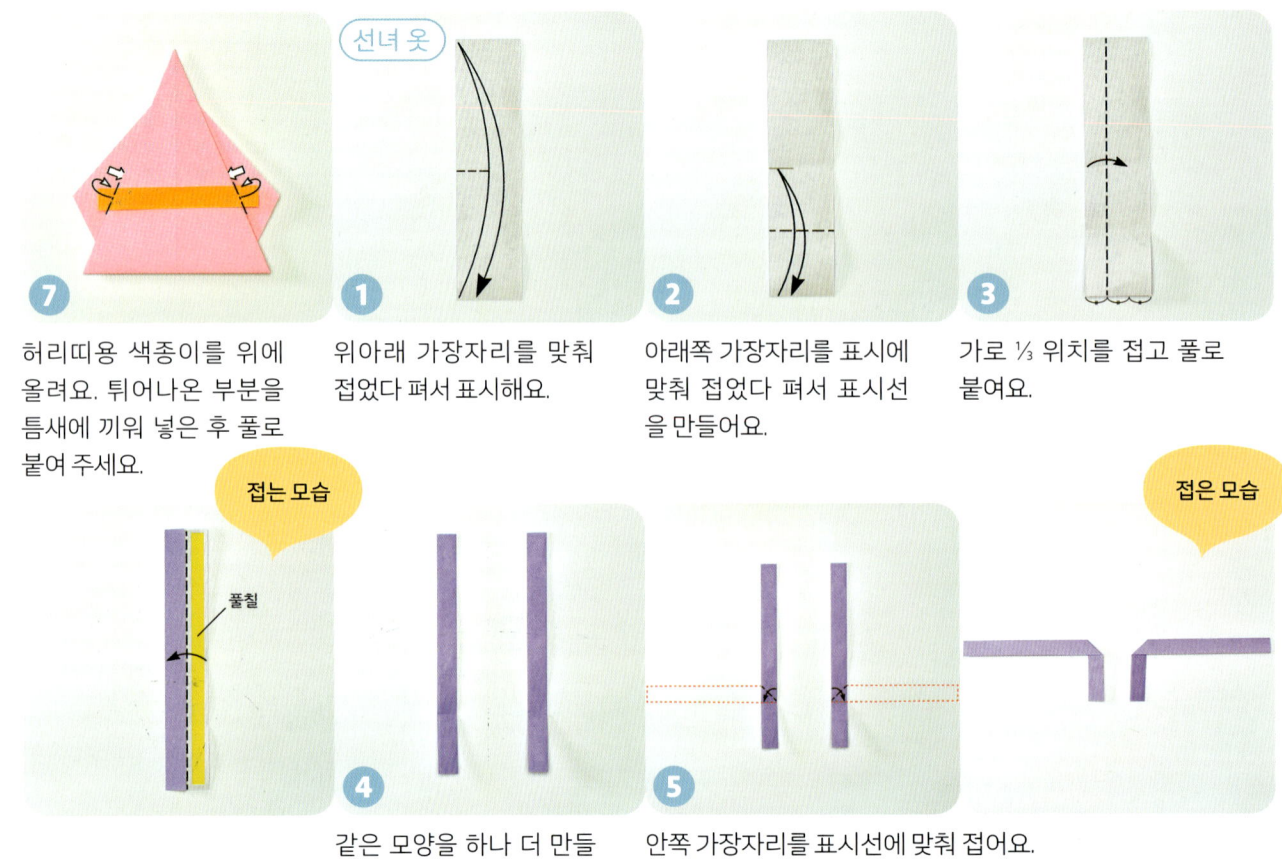

선녀 옷

7 허리띠용 색종이를 위에 올려요. 튀어나온 부분을 틈새에 끼워 넣은 후 풀로 붙여 주세요.

1 위아래 가장자리를 맞춰 접었다 펴서 표시해요.

2 아래쪽 가장자리를 표시에 맞춰 접었다 펴서 표시선을 만들어요.

3 가로 ⅓ 위치를 접고 풀로 붙여요.

접는 모습 / 풀칠

4 같은 모양을 하나 더 만들어요.

5 안쪽 가장자리를 표시선에 맞춰 접어요.

접은 모습

마무리

1 머리카락, 얼굴, 몸을 사진처럼 이어 붙여요.

2 양쪽 팔 아래에 선녀 옷을 끼우고 이어 붙여요.

감싸듯이 붙이면 돼 / 풀칠

3 뒤집은 뒤, 선녀 옷 끝부분을 살짝 말아 머리에 이어 붙여요.

완성

뒤집어요.

 # 견우

견우와 직녀는 중간까지 접는 방법이 같아요.
단정하게 틀어 올린 머리 모양이 특징이에요.

레벨 ▲▲3

준비물
- 얼굴용 색종이(15×15㎝) 1장
- 몸용 색종이(15×15㎝) 1장
- 허리띠용 색종이(1×7.5㎝) 1장
- 머리카락용 색종이(3.75×3.75㎝) 1장
- 뺨용 둥근 스티커(8㎜) 2장
- 펜
- 풀

얼굴

  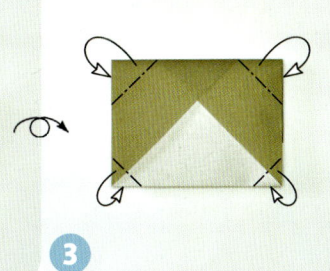 

1 '직녀'의 '얼굴' ❺에서 맨 아래 모서리를 맨 위 가장자리 ○에 맞춰 접어요.

2 아래쪽 가장자리를 ○의 모서리 위치에 맞춰 접어요.

3 뒤집어서 사진처럼 방향을 돌린 뒤 모서리를 뒤로 접어요.

4 펜이나 둥근 스티커로 얼굴을 꾸며요.

머리카락

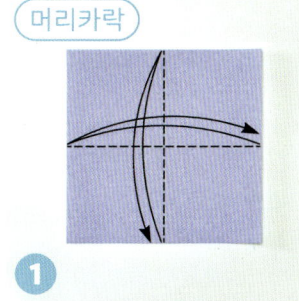 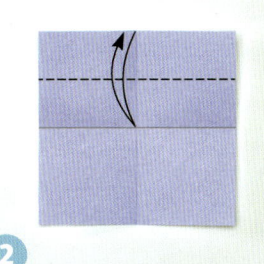  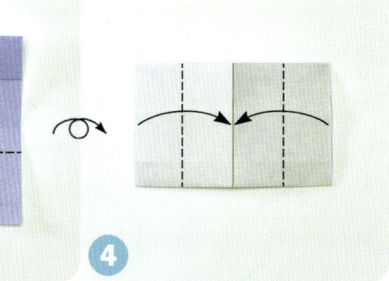

1 가장자리끼리 맞춰 접었다 펴서 표시선을 만들어요.

2 위쪽 가장자리를 중심선에 맞춰 접었다 펴서 표시선을 만들어요.

3 아래쪽 가장자리를 ❷의 표시선에 맞춰 접어요.

4 뒤집은 뒤, 양옆 가장자리를 중심선에 맞춰 접어요.

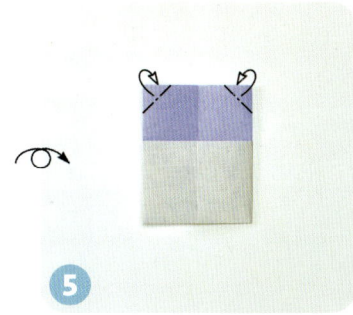  

5 뒤집은 뒤, 모서리를 뒤로 접어요.

접은 모습.

마무리 머리카락, 얼굴, 몸(직녀와 똑같아요)을 사진처럼 이어 붙여요.

별

색종이 한 장으로 별 모양을 만들 수 있어요.
색종이 크기를 바꿔가며 만들면 크고 작은 다양한 별들이 완성돼요.

레벨

준비물: 색종이(15×15㎝) 1장   풀

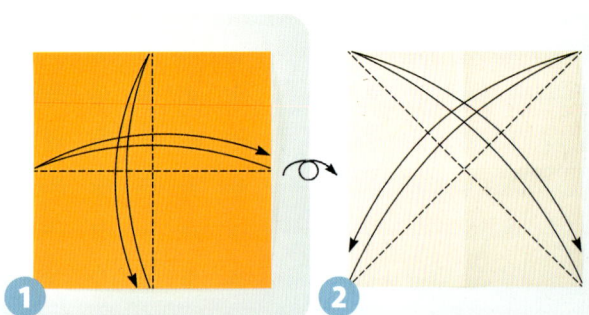

모아 접는 모습

1. 가장자리끼리 맞춰 접었다 펴서 표시선을 만들어요.

2. 뒤집은 뒤, 모서리끼리 맞춰 접었다 펴서 표시선을 만들어요.

3. 표시선을 따라 삼각형으로 모아 접어요.

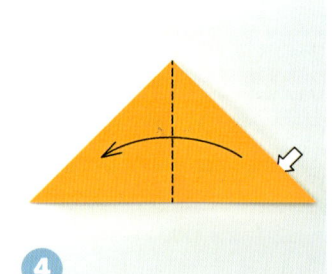
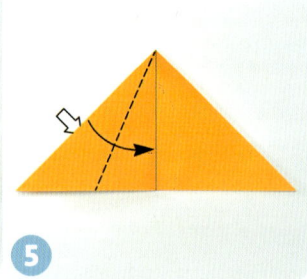
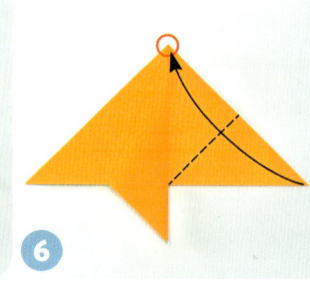
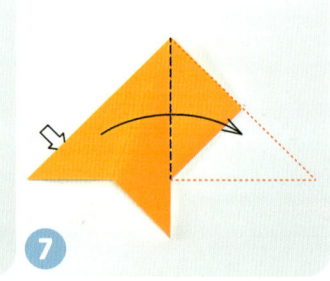

4. 오른쪽에서 왼쪽으로 한 장을 넘겨 접어요.

5. 왼쪽 가장자리 한 장만 표시선에 맞춰 접어요.

6. 오른쪽 아래 모서리와 ○의 모서리를 맞춰 접어요.

7. 왼쪽에서 오른쪽으로 두 장을 넘겨 접어요.

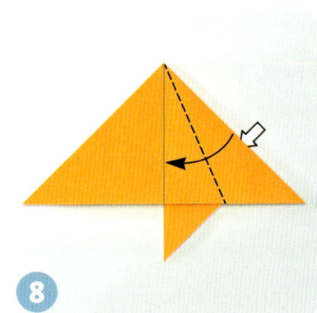
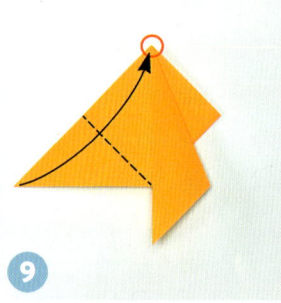
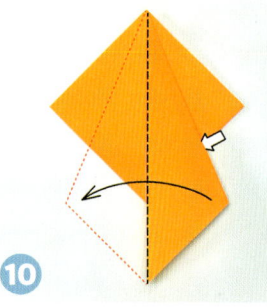

뒷장은 같이 접지 않아

8. 오른쪽 가장자리 한 장만 표시선에 맞춰 접어요.

9. 왼쪽 아래 모서리와 ○의 모서리를 맞춰 접어요.

10. 오른쪽에서 왼쪽으로 한 장을 넘겨 접어요.

11. 뒷장이 앞으로 오게 가장자리를 표시선에 맞춰 접어요.

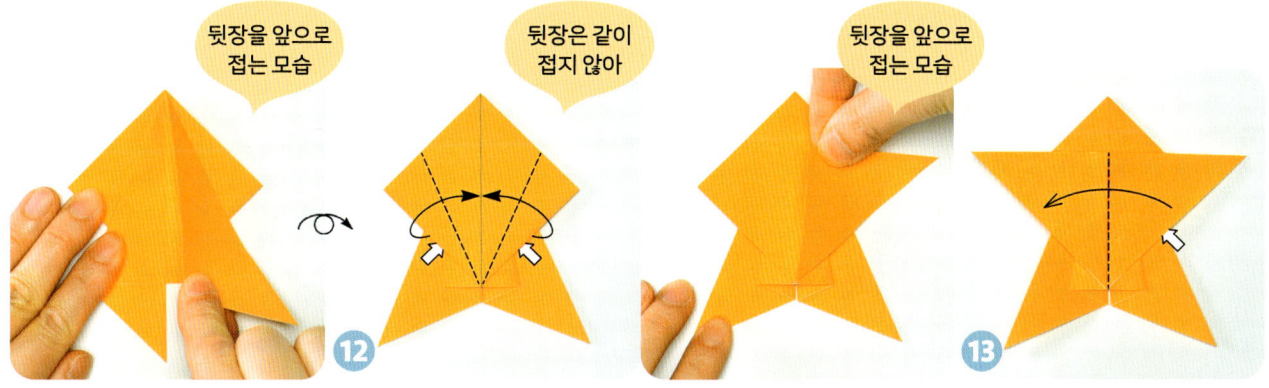

뒤집은 뒤, 뒷장이 앞으로 오게 가장자리를 표시선에 맞춰 접어요.

오른쪽에서 왼쪽으로 한 장을 넘겨 접어요.

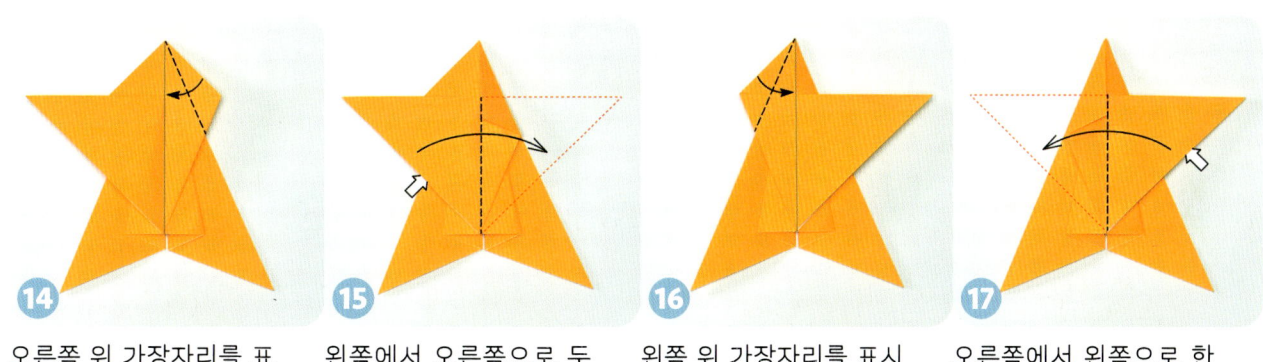

14. 오른쪽 위 가장자리를 표시선에 맞춰 접어요.

15. 왼쪽에서 오른쪽으로 두 장을 넘겨 접어요.

16. 왼쪽 위 가장자리를 표시선에 맞춰 접어요.

17. 오른쪽에서 왼쪽으로 한 장을 넘겨 접어요.

뒤집은 뒤, 들뜬 부분을 풀로 붙여요.

대나무 잎 벽걸이

대나무 잎을 둥글게 엮고 고리를 달아 벽걸이로 만들어요.
이렇게 장식하면 한결 시원해 보이겠죠?

레벨

준비물 색종이(15×1.875㎝) 여러 장   풀

벽걸이

① 가장자리에 풀칠한 뒤, 고리 모양으로 이어 붙여요.

② 방금 만든 고리에 ①과 똑같이 만든 종이를 통과시켜 고리 모양으로 이어 붙여요.

③ ①~②를 반복하며 원하는 길이가 될 때까지 연결해요.

대나무 잎

① '벽걸이'의 ①과 똑같이 고리를 만들고 납작하게 눌러요.

② 같은 모양을 세 개 만들고 아래쪽 가장자리에 풀칠해 겹쳐 붙여요.

③ 고리를 살짝 펼쳐서 모양을 다듬어요.

너무 많이 펼치지는 마

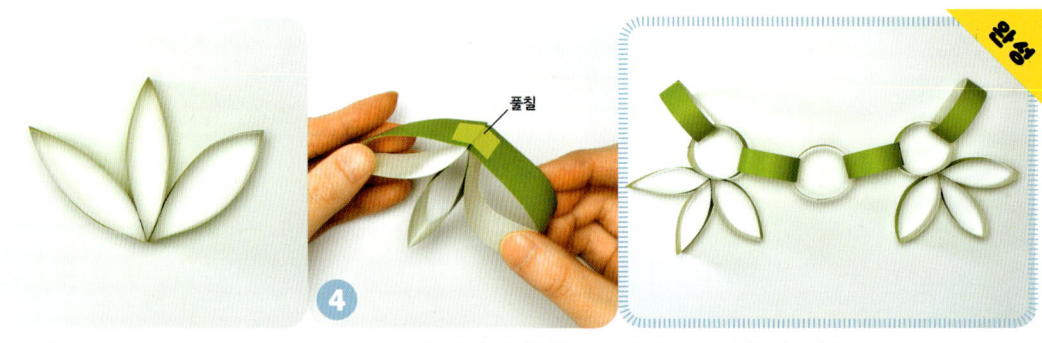

다듬은 모양.

④ 대나무 잎의 바닥에 풀칠해요.

벽걸이 고리에 이어 붙여요.

소원 종이

소원을 적는 소원 종이는 책갈피로도 쓸 수 있어요.
소원을 적어 나무에 장식하거나 좋아하는 그림을 그려 책갈피로 써 보세요.

레벨

| 준비물 | 색종이(15×15㎝) 1장 | 고무줄이나 끈, 실 1줄 | 풀 | 펀치 |

1. 아래쪽 가장자리를 1.5㎝ 정도 접어요.

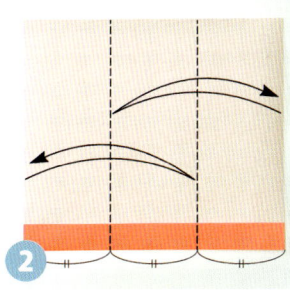

2. 가로를 세 등분해서 표시선을 만들어요(자로 5㎝씩 재도 좋아요).

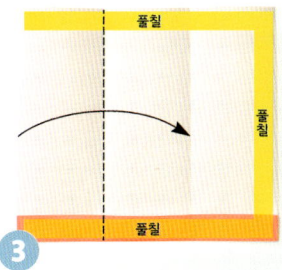

3. 풀을 칠하고 표시선대로 접어 이어 붙여요.

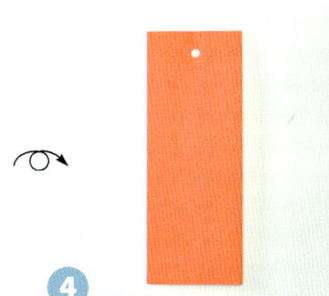

4. 뒤집은 뒤, 위쪽에 펀치로 구멍을 뚫어요.

구멍에 고무줄 등을 통과시켜 묶어요.

무늬 있는 색종이

다른 작품을 붙여서 꾸며 봐!

사 용 방 법

소원을 담은 책갈피

다 만든 소원 종이를 책 사이에 끼워 책갈피로 써 보세요.
좋아하는 색으로 만들 수도 있고 작게 접은 별(p.68)을 붙일 수도 있어요. 분명 마음에 쏙 들 거예요. 근사한 책갈피가 완성됐다면 다른 사람에게 선물해도 좋아요.

수박 ▶ p.73

빙수 ▶ p.76

시원한 간식

여름은 차가운 빙수와 수박이 맛있는 계절이에요.
소꿉놀이하듯 그릇에 담아 보세요.

수박

수박은 자르는 방법에 따라 모양이 달라져요. 다양한 방법으로 만들어 보세요.
빨간 수박 속과 초록색 껍질을 따로따로 만들어 합쳐요.

레벨

준비물: 수박 속용 색종이(15×15㎝) 1장   껍질용 색종이(15×15㎝) 1장   풀   펜

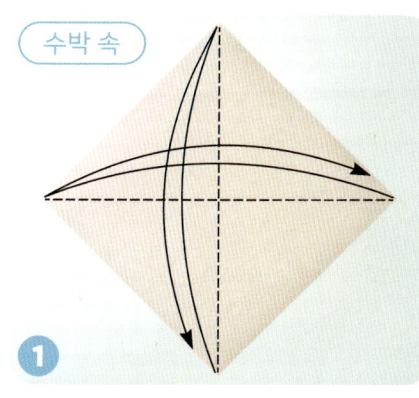

수박 속

① 모서리끼리 맞춰 접었다 펴서 표시선을 만들어요.

② 모서리를 중심점에 맞춰 접어요.

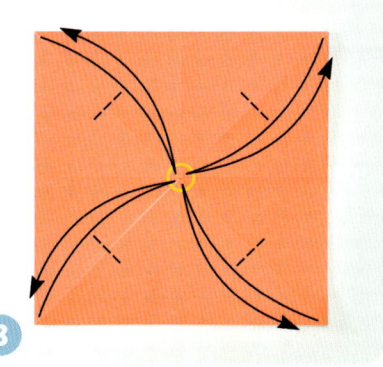

③ 모서리를 중심점에 맞춰 접었다 펴서 표시해요.

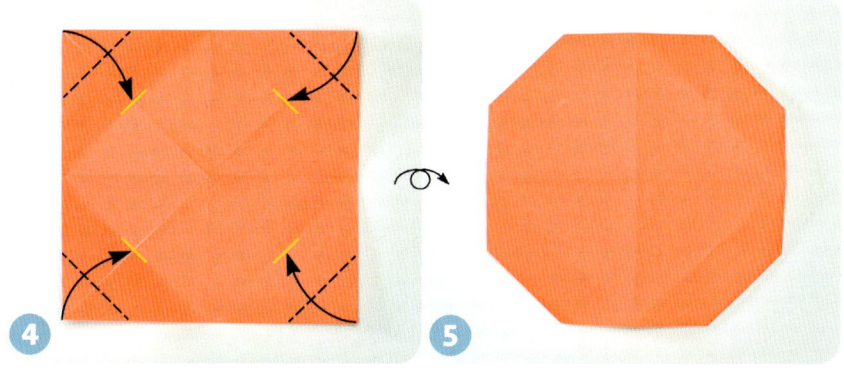

④ 모서리를 표시에 맞춰 접어요.

⑤ 뒤집어요.

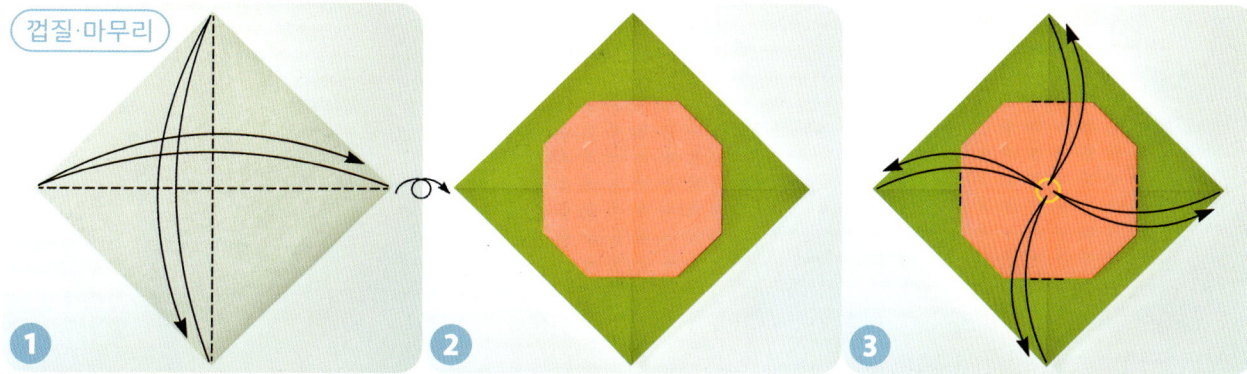

껍질·마무리

① 모서리끼리 맞춰 접었다 펴서 표시선을 만들어요.

② 뒤집은 뒤, 수박 속을 위에 올려 놓고 표시선끼리 맞춰 풀로 붙여 주세요.

③ 모서리를 중심점에 맞춰 접었다 펴서 수박 속 가장자리 위치에 표시해요.

73

 수박

④ 뒤집은 뒤, 모서리를 표시에 맞춰 접어요.
⑤ 가장자리를 표시에 맞춰 접어요.
⑥ 모서리와 ○을 맞춰 접어요.

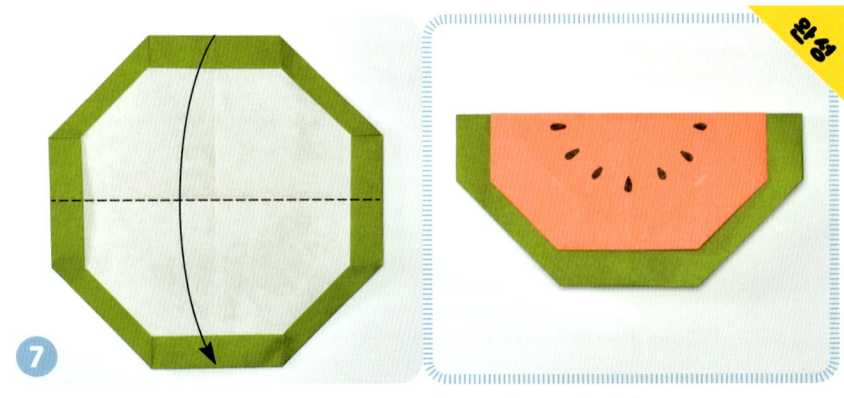

⑦ 표시선대로 반을 접어요.
펜으로 씨를 그려 넣어요.

장식방법

여름 느낌 내보기!

완성된 수박은 세워서 장식할 수 있어요. 수박 속을 노란 색종이로 만들어도 예쁘답니다.
작은 색종이로 접으면 꼬마 수박이 돼요. p.71의 '소원 종이'에 붙여서 여름 느낌이 나는 책갈피로도 쓸 수 있어요.

세모 모양 수박

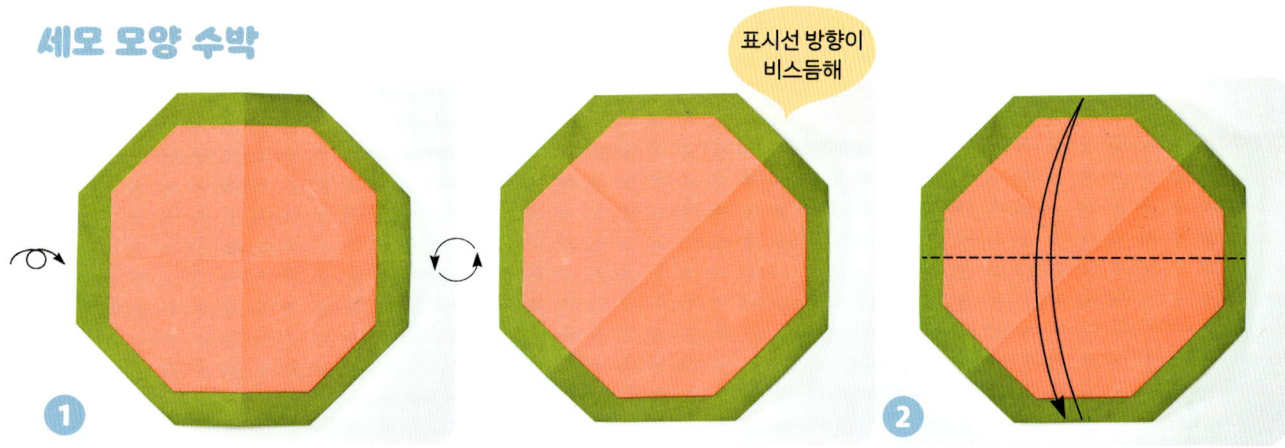

① p.74 '껍질·마무리'의 ⑥을 뒤집은 뒤, 돌려서 사진처럼 표시선 방향을 맞춰요.

표시선 방향이 비스듬해

② 위아래 가장자리를 맞춰 접었다 펴서 표시선을 만들어요.

들뜰 것 같으면 풀로 붙여 봐

③ 뒤집은 뒤, 표시선을 따라 모아 접어요.

접는 모습

펜으로 씨를 그려 넣어요.

 # 빙수

'여름' 하면 역시 빙수죠.
색종이 색깔을 바꿔서 여러 가지 시럽을 끼얹은 빙수를 만들 수도 있어요.

레벨

준비물: 빙수용 색종이(15×15㎝) 1장   숟가락용 색종이(7.5×1.875㎝) 1장
풀

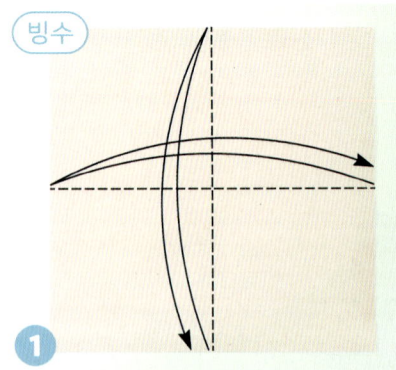

1 가장자리끼리 맞춰 접었다 펴서 표시선을 만들어요.

2 위쪽 가장자리를 중심선에 맞춰 접었다 펴서 표시선을 만들어요.

3 양옆 가장자리를 중심선에 맞춰 접어요.

뒷장은 같이 접지 않아

4 뒤집은 뒤, 뒷장이 앞으로 오게 가장자리를 중심선에 맞춰 접어요.

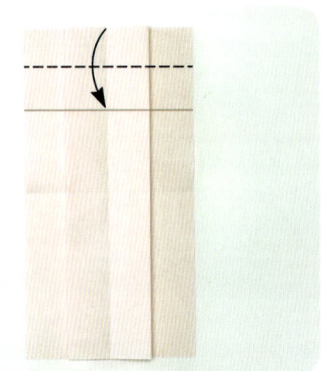

5 뒤집은 뒤, 위쪽 가장자리를 맨 위의 표시선에 맞춰 접어요.

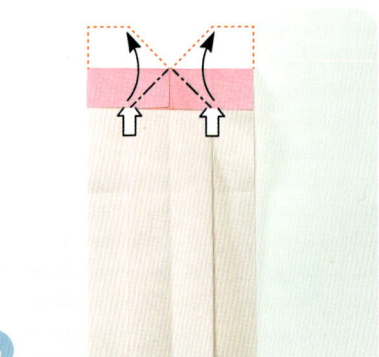

6 모서리를 벌리며 눌러 접어요.

벌리며 눌러 접는 모습.

7 6에서 접은 부분을 점선대로 펼치며 눌러요.

가을

보름달과 구름과 토끼 ▶ p.79

달맞이 경단과 그릇 ▶ p.80

억새 ▶ p.84

달맞이

아름다운 달을 보며 달구경을 해요.
달맞이 장식을 색종이로 만들어 보세요.
달에 사는 토끼도 함께 접어요.

보름달 토끼 주머니 ▶ p.82

 # 보름달과 구름과 토끼

구름이 걸린 보름달과 토끼예요. 토끼도 달구경을 하고 있을까요?
수박과 똑같은 방법으로 보름달을 만들 수 있답니다.

레벨

준비물	보름달용 색종이(11.25×11.25㎝) 1장	구름용 색종이(7.5×7.5㎝) 1장	토끼용 색종이(15×15㎝) 1장
	뺨용 둥근 스티커(8㎜) 2장	풀	펜

보름달

1 p.73 '수박'의 '수박 속'과 똑같이 해요.

구름

1 위아래 가장자리를 맞춰 접었다 펴서 표시선을 만들어요. (흰 종이를 써도 OK)

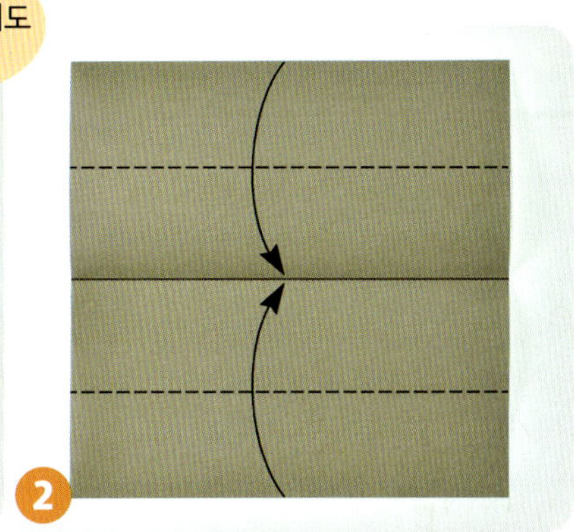

2 위아래 가장자리를 중심선에 맞춰 접어요.

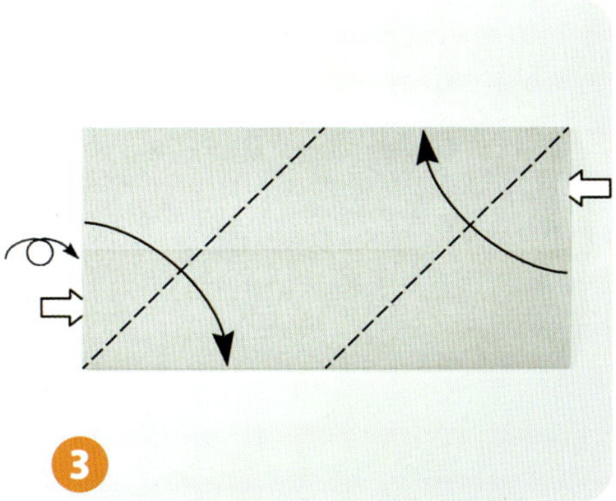

3 뒤집은 뒤, 가장자리끼리 맞춰 접어요.

접은 모습.

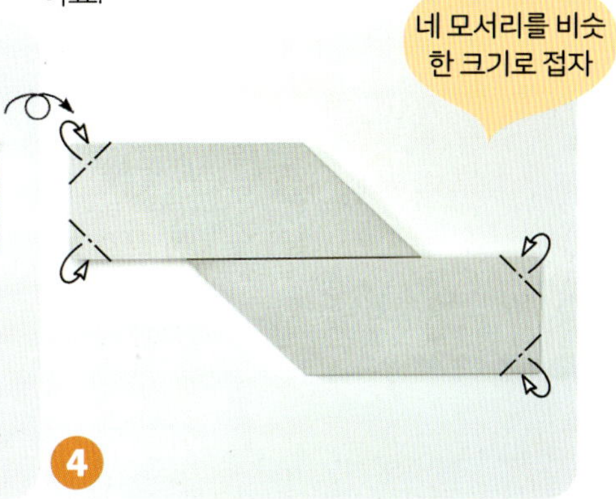

4 뒤집은 뒤, 모서리를 뒤로 접어요. (네 모서리를 비슷한 크기로 접자)

토끼

1 p.45 '부활절 달걀 토끼'의 '토끼'를 접어요.

완성 보름달, 구름, 토끼를 조합해요.

달맞이 경단과 그릇

달을 보며 먹는 경단과 그릇도 색종이로 만들 수 있어요.
그릇 위에 경단을 가지런히 올려놓아 보세요.

레벨 ▲2

준비물: 경단용 색종이(3.75×3.75㎝) 6장 | 그릇용 색종이(7.5×7.5㎝) 1장 | 풀

경단

1 p.73 '수박'의 '수박 속'과 똑같이 해요.

2 같은 모양을 여섯 개 만들어요.

보기 쉽게 경단 색을 다르게 했어

3 사진처럼 세 개를 이어 붙여요.

쌓는 순서가 중요해

4 남은 경단 두 개를 사진처럼 이어 붙여요.

5 남은 한 개를 사진처럼 이어 붙여요.

잘 접는 요령

모서리 둥글게 다듬기

처음에는 조금씩 접어 표시선을 만들어요. 그런 뒤 전체적인 균형을 보면서 접을 위치를 결정해요. 마지막으로 힘주어 꾹 눌러 주세요.

그릇
※여기서는 이해하기 쉽게 15×15㎝ 종이를 사용했어요.

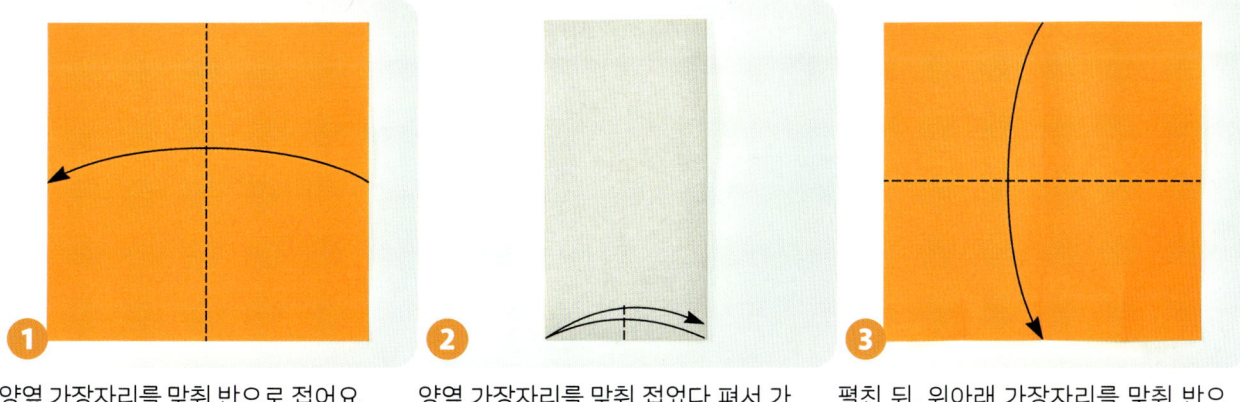

1. 양옆 가장자리를 맞춰 반으로 접어요.
2. 양옆 가장자리를 맞춰 접었다 펴서 가운데에 표시해요.
3. 펼친 뒤, 위아래 가장자리를 맞춰 반으로 접어요.

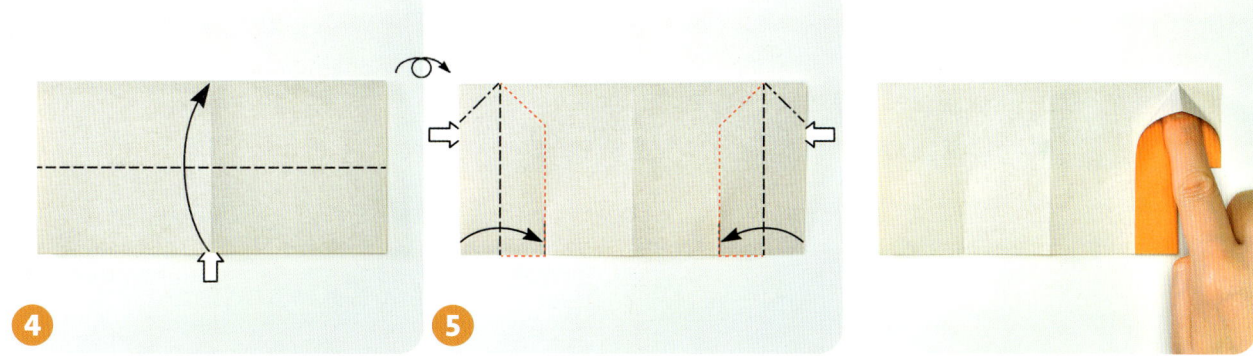

4. 아래쪽 가장자리 한 장만 올려 접어요.
5. 뒤집은 뒤, 양옆 가장자리를 표시에 맞춰 접으며 들뜬 모서리를 눌러요.

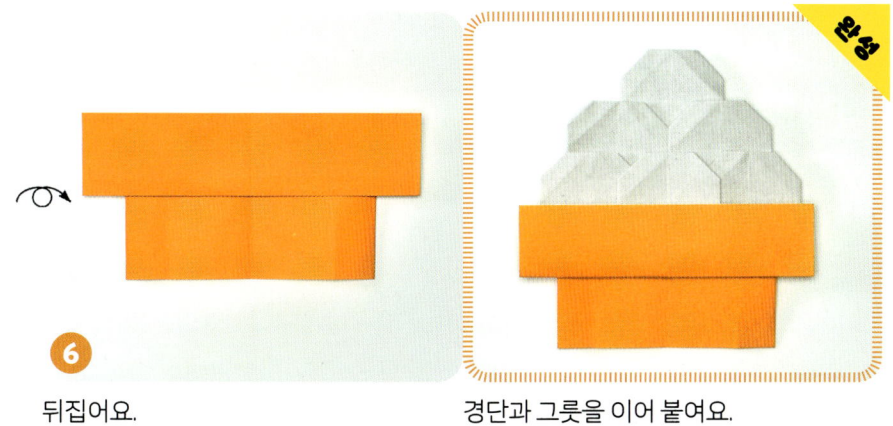

6. 뒤집어요.

경단과 그릇을 이어 붙여요.

보름달 토끼 주머니

보름달 안으로 쏙 들어간 토끼예요.
주머니 모양이라 과자 같은 간식을 넣을 수 있어요.

레벨 ▲ 2

준비물: 색종이(15×15㎝) 1장 | 뺨용 둥근 스티커(8㎜) 2장 | 풀 | 펜

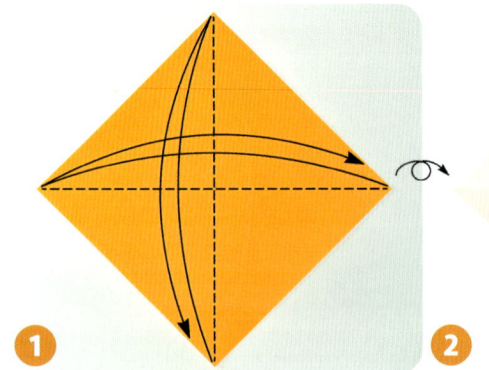

1 모서리끼리 맞춰 접었다 펴서 표시선을 만들어요.

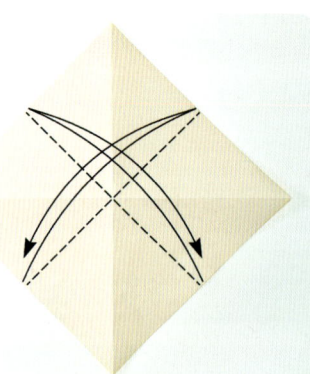

2 뒤집은 뒤, 가장자리끼리 맞춰 접었다 펴서 표시선을 만들어요.

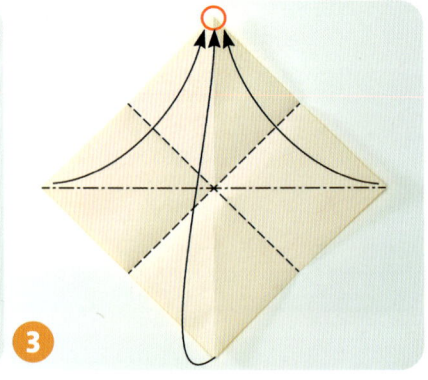

3 표시선을 따라 세 모서리를 위쪽으로 모아 접어요.

모아 접는 모습.

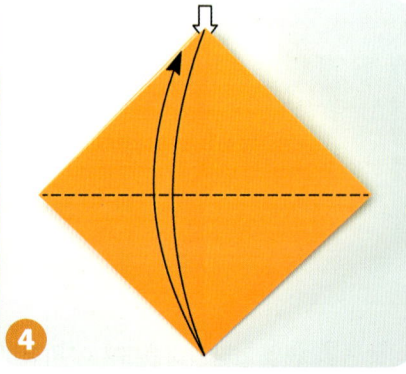

4 위쪽 모서리 한 장만 아래쪽 모서리에 맞춰 접었다 펴서 표시선을 만들어요.

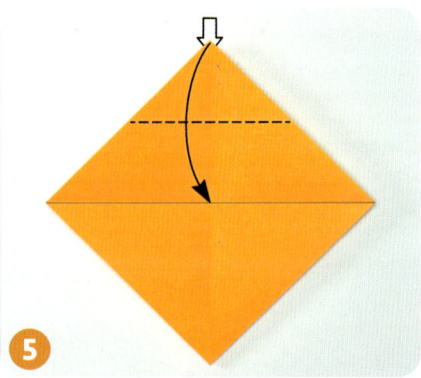

5 모서리 한 장만 가운데 표시선에 맞춰 접어요.

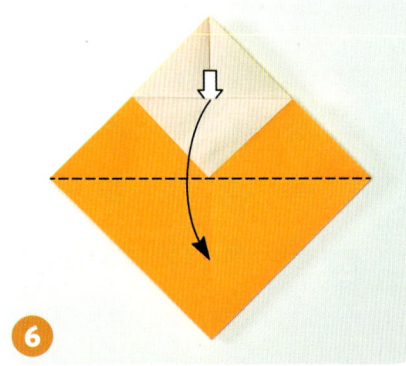

6 한 장만 가운데 표시선에 맞춰 접어요.

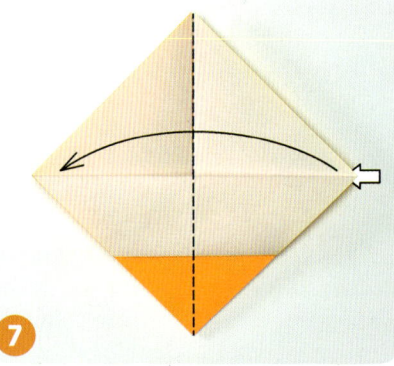

7 한 장만 오른쪽에서 왼쪽으로 넘겨 접어요.

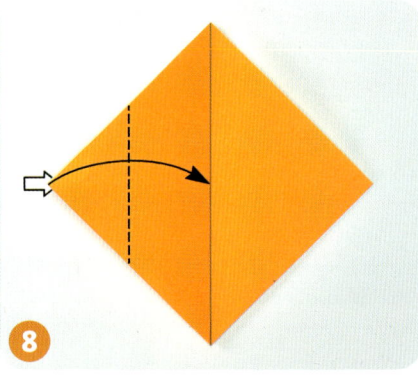

8 모서리 한 장만 가운데 표시선에 맞춰 접어요.

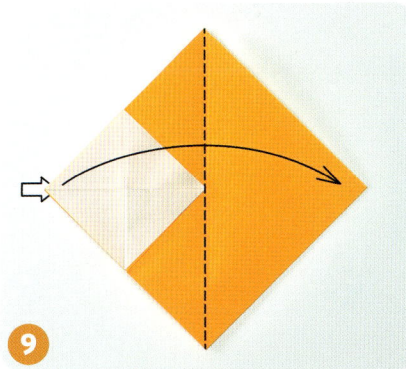

9 두 장을 왼쪽에서 오른쪽으로 넘겨 접어요.

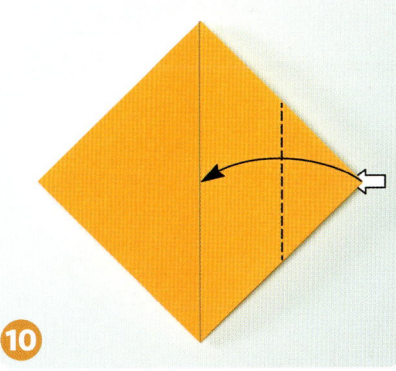

10 모서리 한 장만 가운데 표시선에 맞춰 접어요.

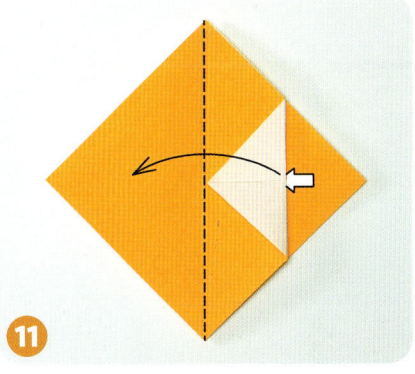

11 한 장만 오른쪽에서 왼쪽으로 넘겨 접어요.

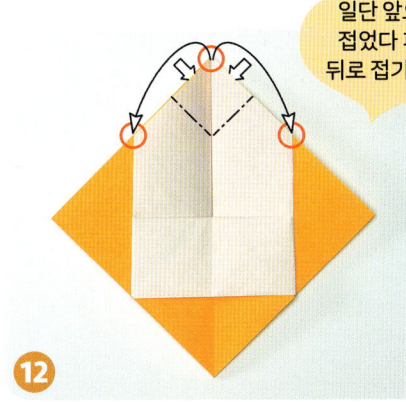

12 위쪽 모서리를 각각 ○의 모서리에 맞춰 뒤로 접어요.

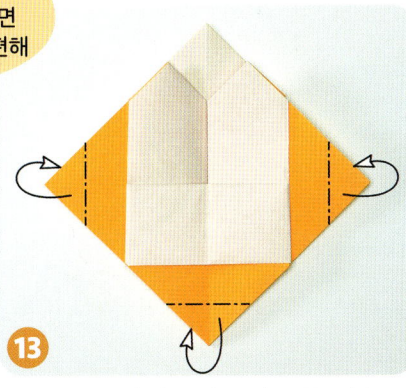

13 점선대로 모서리를 뒤로 접고 풀로 붙여요.

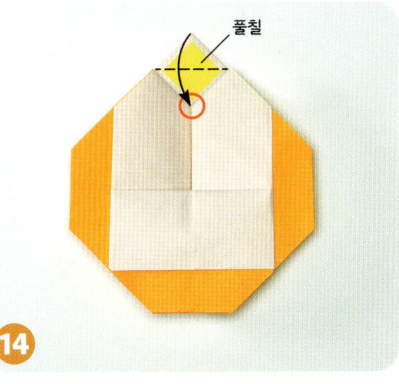

14 위쪽 모서리와 ○의 모서리를 맞춰 접고 풀로 붙여요.

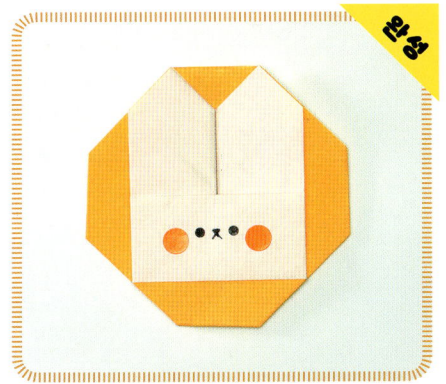

펜이나 둥근 스티커로 얼굴을 꾸며요.

사용방법

비밀 주머니

달과 토끼 사이의 주머니 부분에 과자나 작게 접은 편지를 넣을 수 있어요. 얇은 물건을 넣기에 좋아요.

억새

달밤에 어울리는 억새도 색종이로 만들 수 있어요.
보름달과 함께 장식해 보세요.

레벨 3

준비물: 색종이(15×3.75㎝) 1장 / 풀

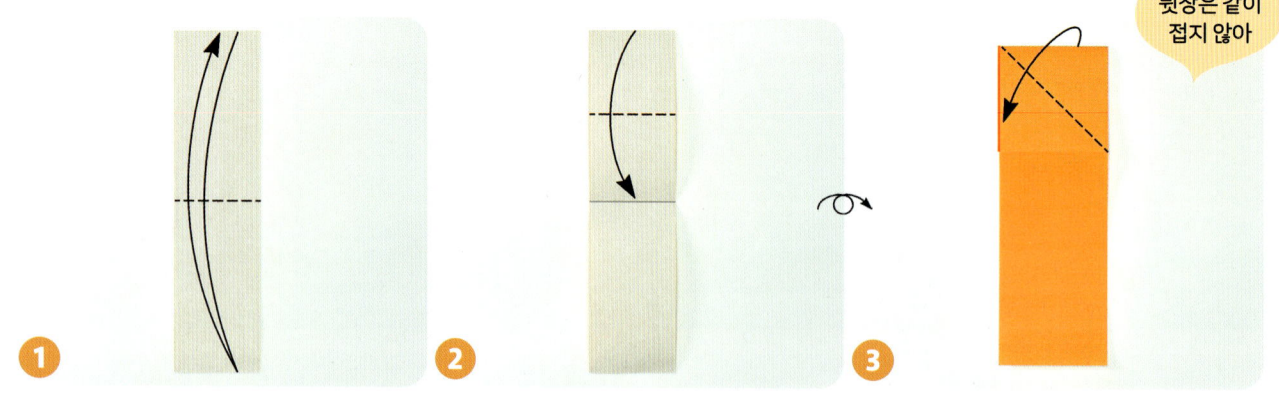

1. 위아래 가장자리를 맞춰 접었다 펴서 표시선을 만들어요.

2. 위쪽 가장자리를 중심에 맞춰 접어요.

3. 뒤집은 뒤, 뒷장이 앞으로 오게 왼쪽 가장자리에 맞춰 접어요. (뒷장은 같이 접지 않아)

4. 오른쪽 모서리 한 장만 ○의 모서리에 맞춰 접어요. (왼쪽 가장자리에 맞춰 접는 모습)

5. 왼쪽 가장자리에 맞춰 접어요.

6. 왼쪽 가장자리에 맞춰 접어요. (표시선으로 억새잎을 만들어 봐)

7. ④~⑥에서 접은 부분을 펼쳐요.

8. 뒤집은 뒤, 양옆 가장자리를 맞춰 접었다 펴서 표시선을 만들어요.

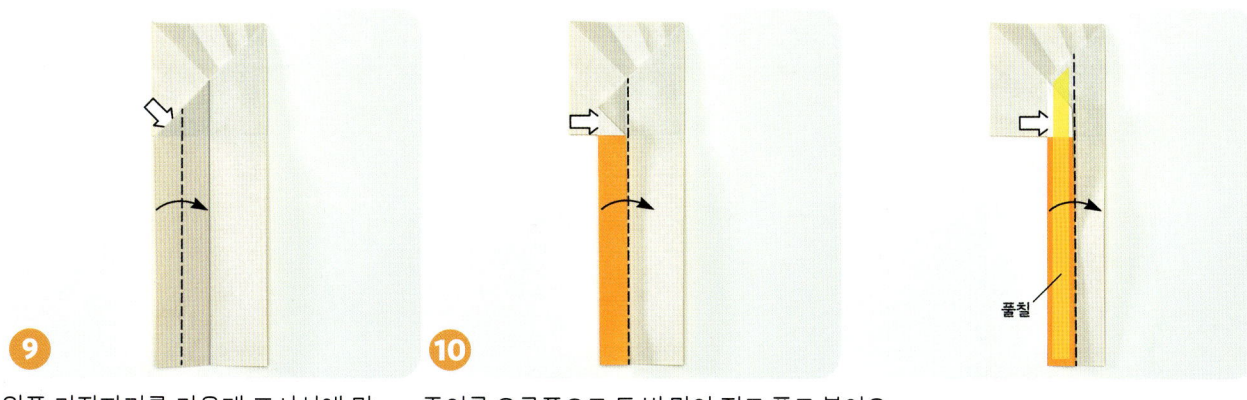

9 왼쪽 가장자리를 가운데 표시선에 맞춰 접어요.

10 종이를 오른쪽으로 두 번 말아 접고 풀로 붙여요.

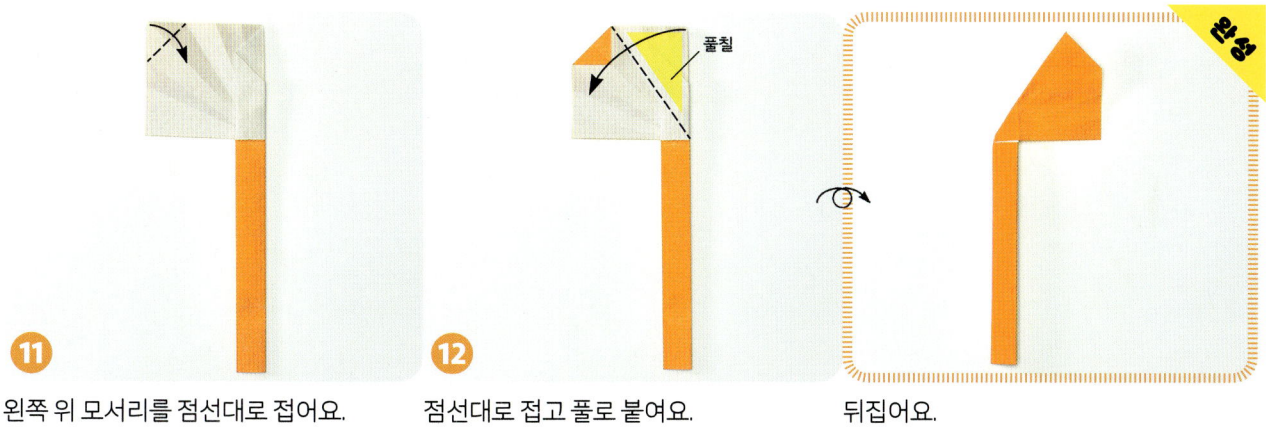

11 왼쪽 위 모서리를 점선대로 접어요.

12 점선대로 접고 풀로 붙여요.

뒤집어요.

예쁜 보름달

가을 숲

나뭇잎이 빨갛고 노랗게 물드는 가을이에요.
자세히 보니 낙엽에 벌레 먹은 자국이 있네요!
귀여운 올빼미도 함께 만들어 봐요.

도토리 ▶ p.88

도토리

데굴데굴 구르는 귀여운 도토리예요.
도토리 모자와 열매를 색종이 한 장으로 만들 수 있어요.

레벨 ▲ 1

준비물: 색종이(15×15㎝) 1장 | 풀

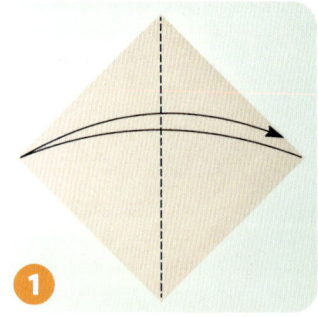

1 양옆 모서리를 맞춰 접었다 펴서 표시선을 만들어요.

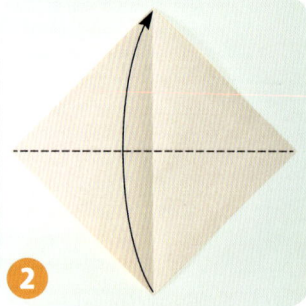

2 위아래 모서리를 맞춰 반으로 접어요.

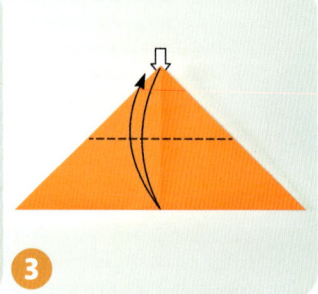

3 위쪽 모서리 한 장만 아래쪽 가장자리에 맞춰 접었다 펴서 표시선을 만들어요.

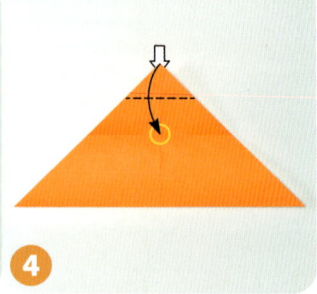

4 위쪽 모서리 한 장만 표시선에 맞춰 접어요.

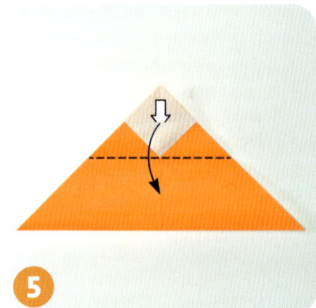

5 위쪽 가장자리 한 장만 표시선을 따라 접어요.

끝이 조금 튀어나와

6 가장자리를 당겨서 모서리 끝이 조금 튀어나오게 접어요.

7 ○이 표시된 모서리 위치에서 뒤로 접어요.

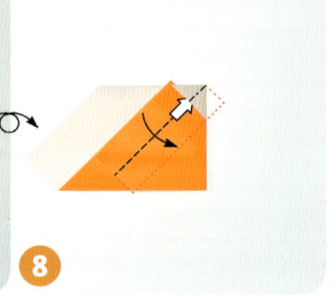

8 뒤집은 뒤, 모서리에 손가락을 넣어 벌려서 표시선과 가장자리를 맞춰 접어요.

모서리를 벌리는 모습

9 반대쪽도 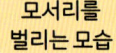과 똑같이 해요.

10 뒤집은 뒤, 점선대로 모서리를 뒤로 접어요.

완성

들뜬 부분을 풀로 붙여요.

낙엽

표시선으로 잎사귀 무늬를 만들면 진짜처럼 보여요.
좋아하는 색으로 접어서 단풍놀이를 즐겨 보세요.

레벨 1

준비물: 색종이(원하는 크기) ½장

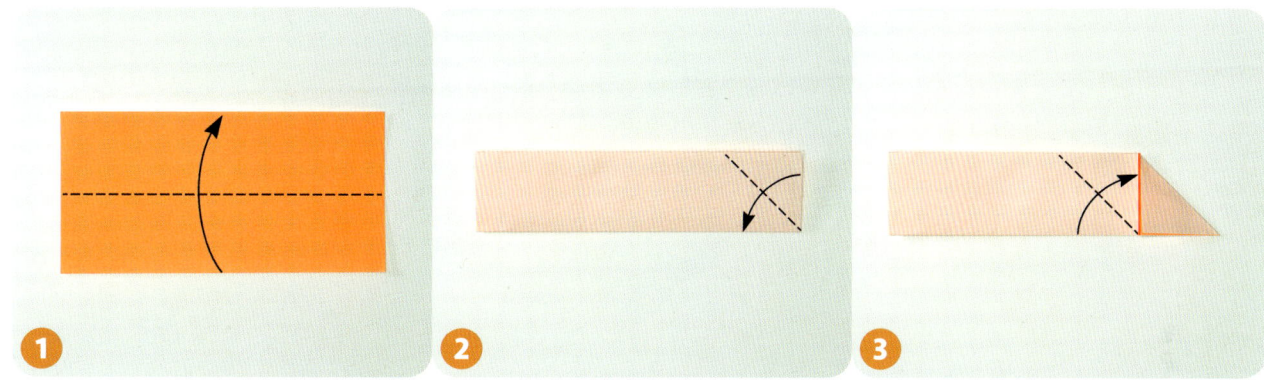

1 위아래 가장자리를 맞춰 반으로 접어요.

2 오른쪽 가장자리를 점선대로 아래쪽 가장자리에 맞춰 접어요.

3 아래쪽 가장자리를 빨간 선에 맞춰 올려 접어요.

옆으로 뒤집어

표시선을 여러 개 만들어

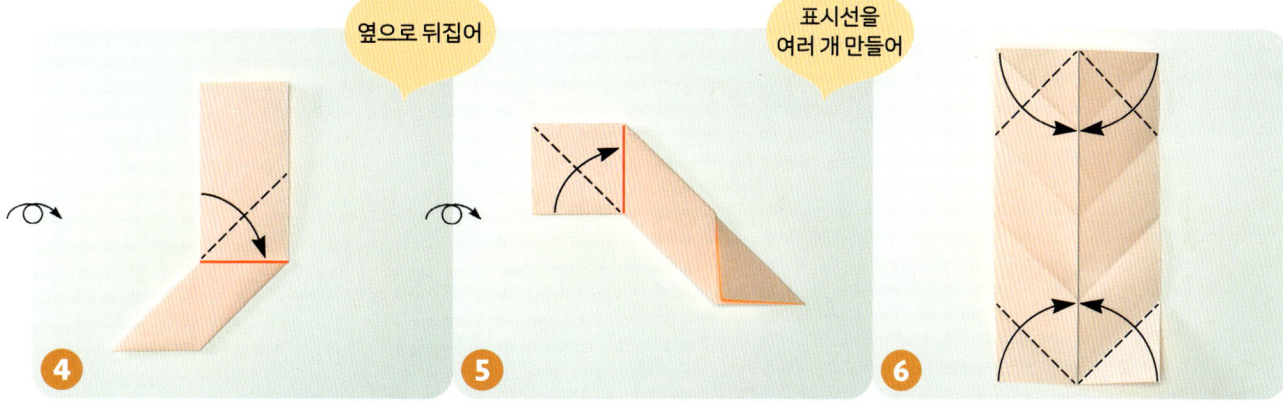

4 뒤집어서 사진처럼 방향을 돌리고 왼쪽 가장자리를 빨간 선에 맞춰 접어요.

5 뒤집어서 사진처럼 방향을 돌리고 아래쪽 가장자리를 빨간 선에 맞춰 접어요.

6 사진처럼 펼치고 모서리를 중심선에 맞춰 접어요.

완성

뒤집어요.

응용방법

벌레 먹은 나뭇잎?

완성한 낙엽을 여기저기 손으로 뜯어 보세요. 벌레 먹은 구멍처럼 보일 거예요. 크고 작은 구멍들을 자유롭게 만들어 봐요.

자유롭게 뜯어봐

# 버섯

불쑥 솟아나 얼굴을 내미는 버섯이에요.
다양한 색으로 접어 무늬를 그려 보세요.

레벨 2

준비물 : 색종이(15×15㎝) 1장 / 풀 / 둥근 스티커(8㎜) 여러 장

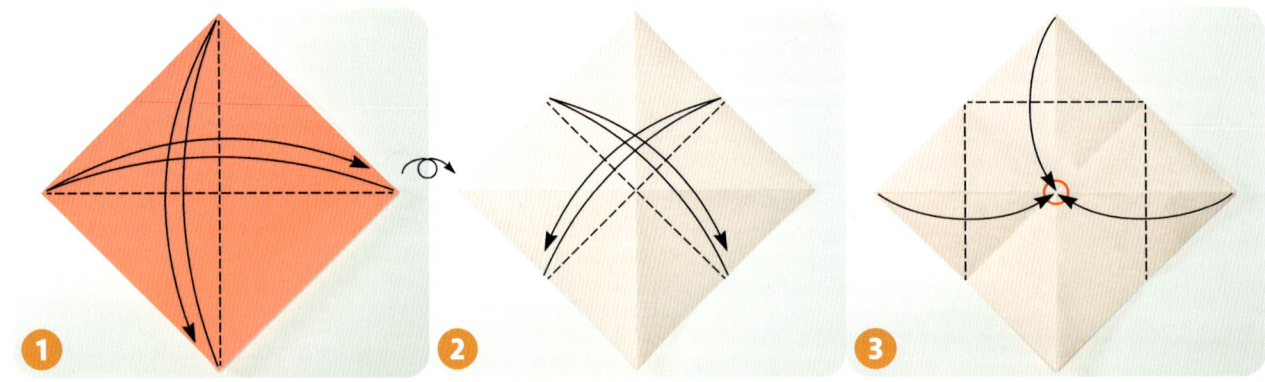

1 모서리끼리 맞춰 접었다 펴서 표시선을 만들어요.

2 뒤집은 뒤, 가장자리끼리 맞춰 접었다 펴서 표시선을 만들어요.

3 세 모서리를 중심점에 맞춰 접어요.

접으면 정사각형이 돼

4 표시선을 따라 사진처럼 모아 접어요.

5 뒤집은 뒤, 두 모서리가 중심선 밖으로 나오게 한 장만 접어요.

접는 부분이 겹쳐져서 약간 두꺼워도 OK

6 점선대로 모서리를 접고 들뜬 부분을 풀로 붙여요.

뒤집은 뒤, 둥근 스티커나 펜으로 무늬를 꾸며요.

응용방법

귀여운 버섯

눈과 입을 그리면 만화 캐릭터처럼 변해요. 좋아하는 얼굴을 그려 보세요.

올빼미

올빼미는 지혜와 행복을 상징하는 새예요.
할아버지, 할머니께 선물하기 좋아요.

레벨 ▲ 1

준비물: 색종이(15×15㎝) 1장 | 눈용 둥근 스티커①(8㎜) 2장 | 눈용 둥근 스티커②(5㎜) 2장 | 풀 | 펜

부리가 될 부분

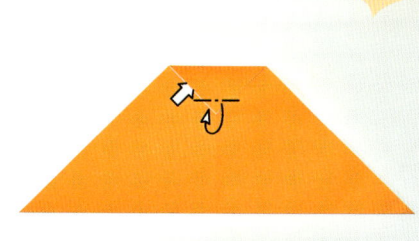

1 p.38의 '복숭아꽃' ④에서 점선대로 모서리 한 장만 뒤로 접어요.

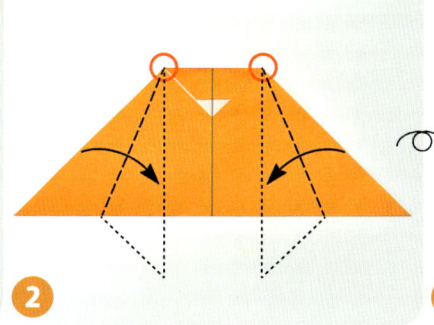

2 ○이 표시된 모서리를 기준으로 표시 선과 나란하게 접어요.

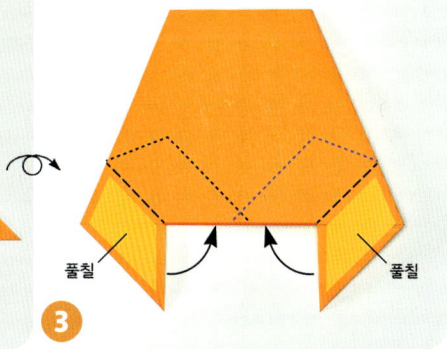

3 뒤집은 뒤, 가장자리를 빨간 선에 맞춰 접은 뒤 풀로 붙여요.

4 뒤집어요.

응용

펜이나 둥근 스티커로 얼굴을 꾸며요.

응용방법

메시지 카드 쓰기

올빼미의 배 부분에 짧은 편지를 쓸 수 있어요. 늘 고마운 분들께 선물과 함께 드리기 좋답니다. 글자가 잘 보이는 색으로 만들기를 추천해요.

핼러윈 데이

유령과 호박, 마녀들의 날이에요!
해골 귀신이 나타나면 조금 무섭겠죠?
과자를 나눠줄 때 딱 좋은
핼러윈 종이접기를 소개할게요.

호박 사탕 덮개 ▶ p.100

유령과 호박 ▶ p.94

해골 귀신 ▶ p.98

마녀 모자와 고양이 ▶ p.96

 # 유령과 호박

호박 위로 빼꼼 얼굴을 내민 유령이에요.
둘이서 누군가를 놀라게 하려나 봐요.

레벨

준비물: 색종이(15×15㎝) 1장 / 펜

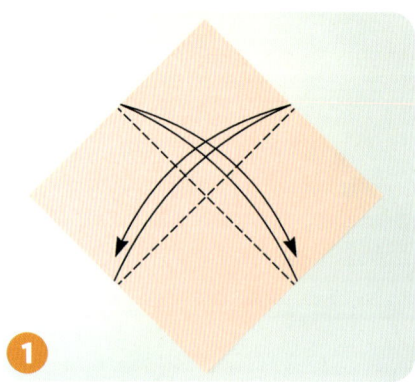

1 가장자리끼리 맞춰 접었다 펴서 표시선을 만들어요.

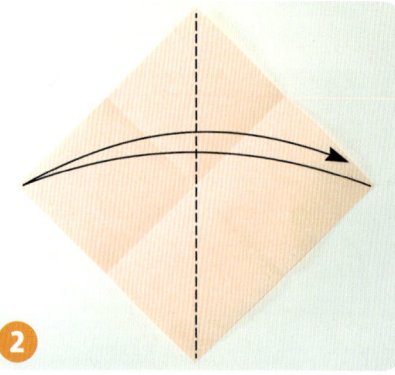

2 양옆 모서리를 맞춰 접었다 펴서 표시선을 만들어요.

3 위쪽 모서리를 중심점에 맞춰 접었다 펴서 표시해요.

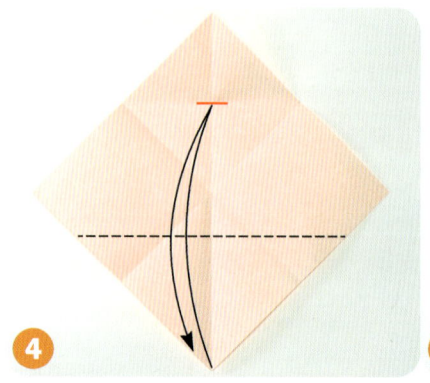

4 아래쪽 모서리를 표시에 맞춰 접었다 펴서 표시선을 만들어요.

5 아래쪽 모서리를 중심에 맞춰 접었다 펴서 표시해요.

6 아래쪽 모서리를 ❺의 표시에 맞춰 접어요.

7 모서리가 아래쪽 가장자리에서 조금 튀어나오게 되접어요.

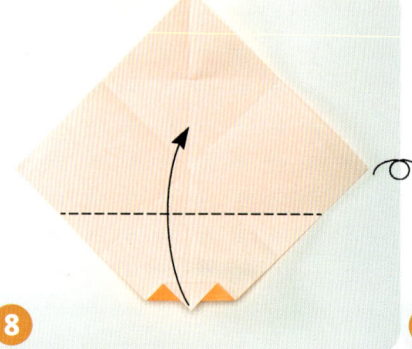

8 ❹의 표시선을 따라 접어요.

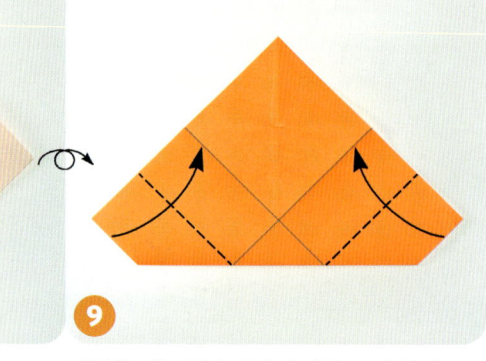

9 뒤집은 뒤, 양옆 가장자리를 표시선에 맞춰 접어요.

⑩ 모서리를 표시에 맞춰 접어요.

⑪ 양옆 모서리를 중심선에 맞춰 접어요.

⑫ 가장자리와 빨간 선을 맞춰 되접어요.

빨간 선에 맞춰 접으면 모서리가 튀어나와

⑬ 뒤집어요.

펜 등으로 얼굴을 그려요.

완성

잘접는요령

표시선에 맞춰 접는 법

표시선에 맞춰 접을 때는 접지 않는 쪽의 종이를 벽처럼 세워 보세요. 그러면 표시선이 더 확실해져서 깔끔하게 딱 맞춰 접을 수 있어요.

벽을 만들어

마녀 모자와 고양이

고양이에게 마녀 모자를 씌워서 핼러윈 분위기를 냈어요.
모자를 작게 만들어 귀여운 느낌을 살려 보세요.

레벨

준비물	마녀 모자용 색종이(5×5㎝) 1장	고양이용 색종이(15×15㎝) 1장
	풀	펜

마녀 모자
※여기서는 이해하기 쉽게 15×15㎝ 종이를 사용했어요.

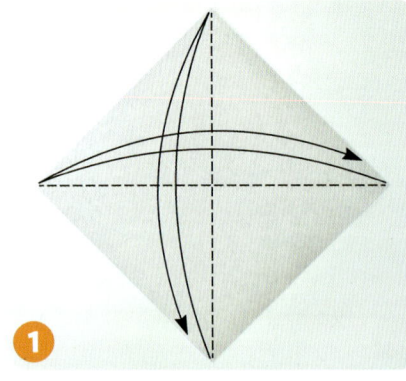

❶ 모서리끼리 맞춰 접었다 펴서 표시선을 만들어요.

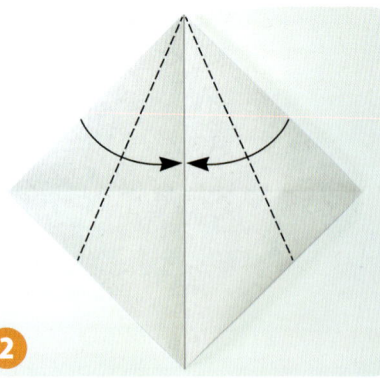

❷ 양쪽 가장자리를 중심선에 맞춰 접어요.

❸ 아래쪽 모서리를 점선대로 올려 접어요.

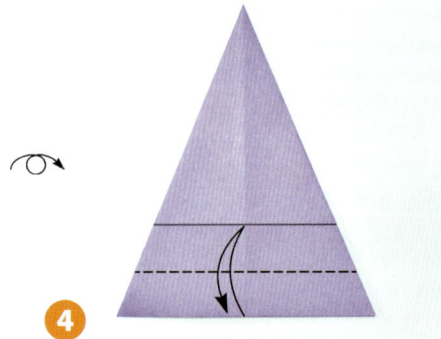

❹ 뒤집은 뒤, 아래쪽 가장자리를 표시선에 맞춰 접었다 펴서 또 표시선을 만들어요.

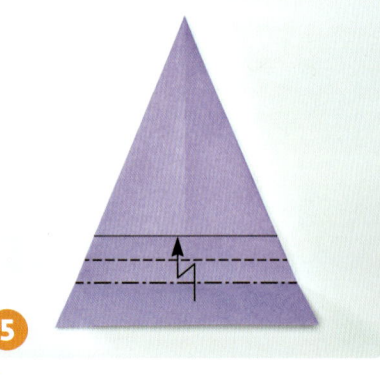

❺ ❹에서 만든 표시선을 맨 위의 표시선에 맞춰 계단 접기를 해요.

산 접기 선과 표시선을 맞춰

접은 모습.

야옹

고양이

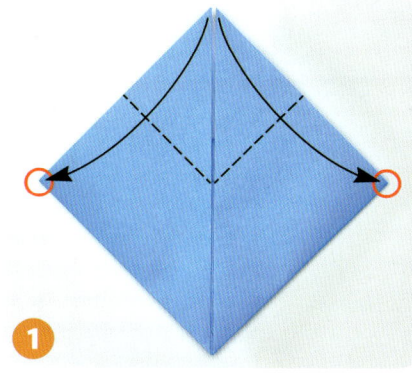

1
p.45 '부활절 달걀 토끼'의 ❻까지 하고 뒤집은 뒤, 모서리끼리 맞춰 접어요.

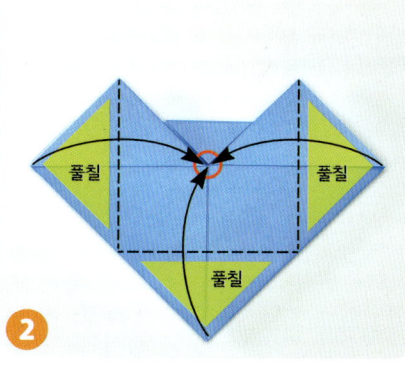

2
모서리끼리 맞춰 접은 뒤, 들뜬 부분을 풀로 붙여요.

3
두 모서리를 바깥쪽으로 벌리며 눌러 접어요.

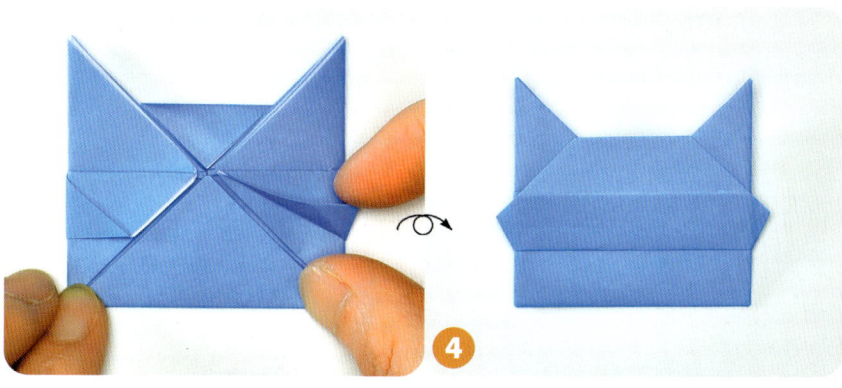

❹
눌러 접는 모습.

뒤집어요.

❺
펜 등으로 얼굴을 그려요.

완성

고양이 얼굴에 마녀 모자를 붙여요.

사용방법

세워서 장식하기

'고양이'의 ❷에서 아래쪽 모서리를 풀로 붙이지 않으면 완성한 고양이를 세워서 장식할 수 있어요.
모자 없이 고양이만 다양한 색으로 만들어도 재밌을 거예요.

이렇게 세울 수 있어!

97

해골 귀신

낫을 든 무서운 해골 귀신이에요.
그런데 색종이로 만드니까 어쩐지 귀엽게 느껴져요.

레벨

 준비물

얼굴·몸용 색종이(15×15㎝) 2장		낫용 색종이(15×1.875㎝) 1장	
눈·코용 둥근 스티커(8㎜) 2장	풀	가위	펜

얼굴

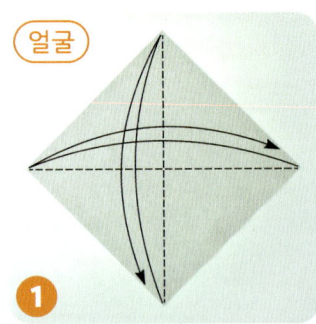

❶ 모서리끼리 맞춰 접었다 펴서 표시선을 만들어요.

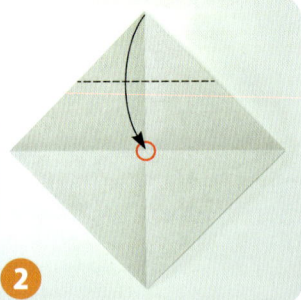

❷ 위쪽 모서리를 중심점에 맞춰 접어요.

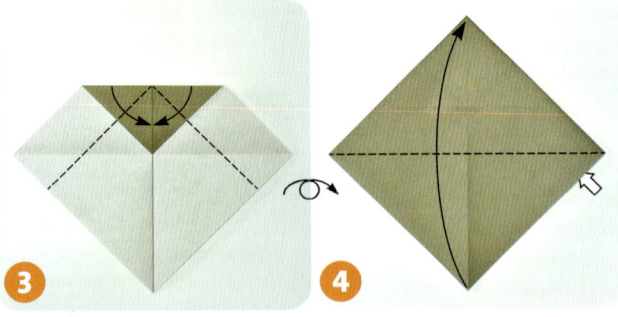

❸ 위쪽 가장자리를 중심선에 맞춰 접어요.

❹ 뒤집은 뒤, 아래쪽 모서리 한 장만 올려 접어요.

튀어나온 부분이 턱이 될 거야

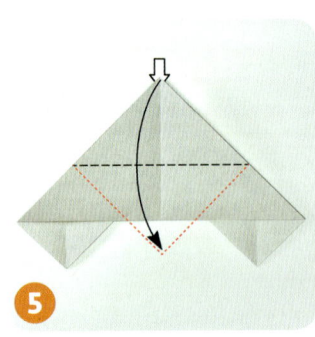

❺ 위쪽 모서리 한 장만 접어 아래쪽 가장자리에서 조금 튀어나오게 해요.

❻ 모서리를 조금만 되접어요.

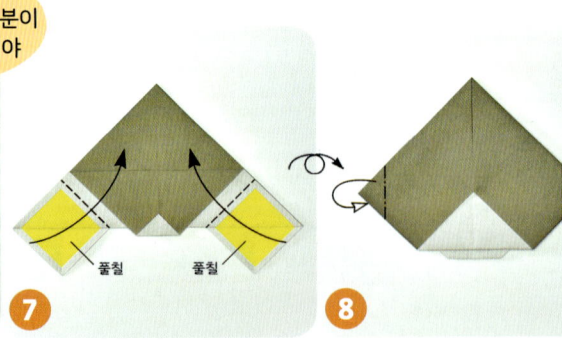

❼ 점선대로 접고 풀로 붙여요.

❽ 뒤집은 뒤, 모서리를 뒤로 접어요.

❾ 눈·코용 둥근 스티커를 빨간 선대로 잘라요.

❿ 더 작은 쪽 스티커를 다시 반으로 잘라요.

⓫ 자른 스티커를 눈·코에 붙이고 펜으로 얼굴을 그려요.

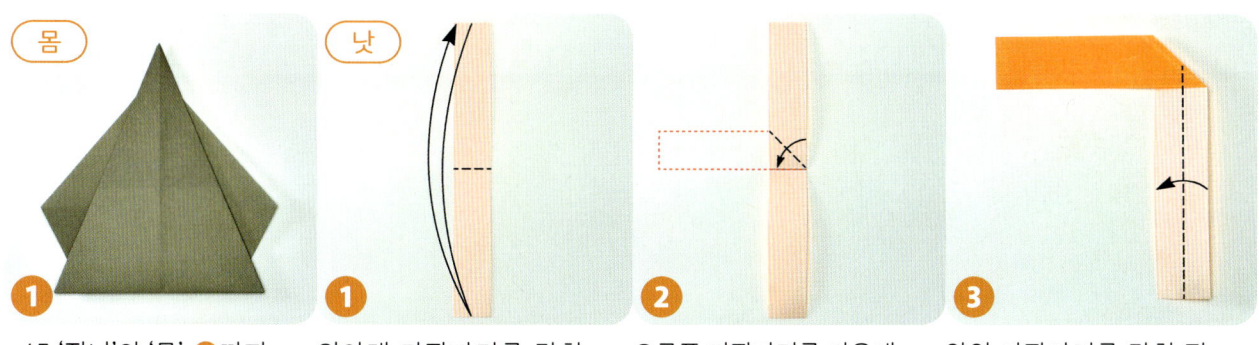

몸

1 p.65 '직녀'의 '몸' ❻까지 접어요.

낫

1 위아래 가장자리를 맞춰 접었다 펴서 표시선을 만들어요.

2 오른쪽 가장자리를 가운데 표시선에 맞춰 접어요.

3 양옆 가장자리를 맞춰 접어요.

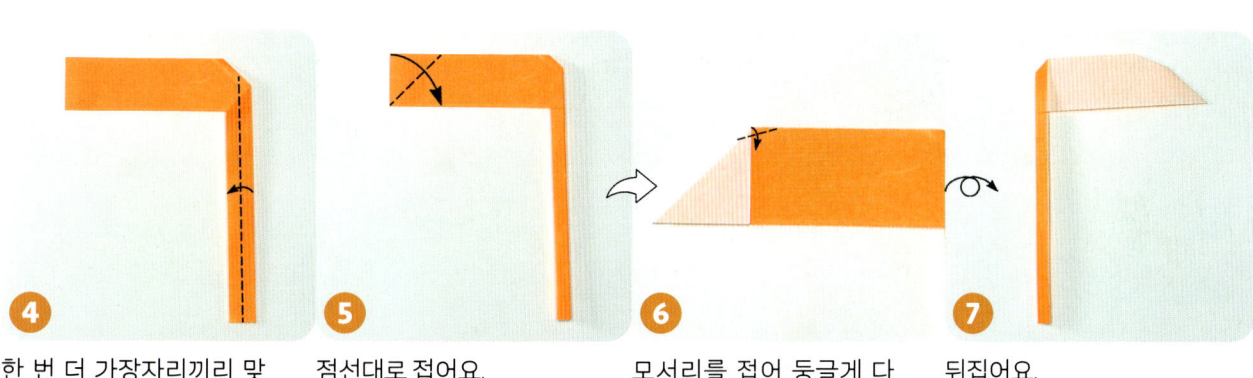

4 한 번 더 가장자리끼리 맞춰 접어요.

5 점선대로 접어요.

6 모서리를 접어 둥글게 다듬어요.

7 뒤집어요.

완성

얼굴과 몸을 붙인 뒤, 낫을 몸에 이어 붙여요.

으흐흐…

99

호박 사탕 덮개

사탕에 덮개를 씌웠더니 호박으로 변신했어요!
귀여운 덮개와 사탕을 함께 선물하면 받는 사람도 기뻐할 거예요.

레벨 ▲▲ 2

준비물: 색종이(15×15㎝) 1장 | 펜

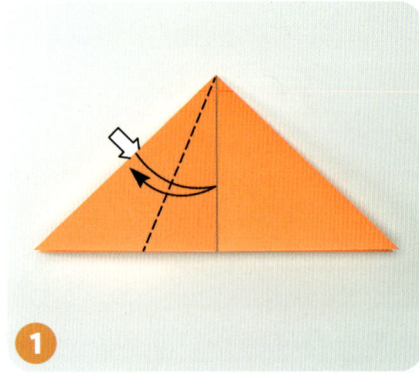

1 p.68 '별'의 ❸까지 똑같이 하고 왼쪽 가장자리 한 장만 중심에 맞춰 접었다 펴서 표시선을 만들어요.

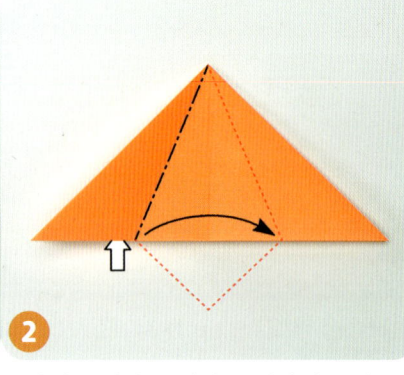

2 표시선을 따라 모서리를 벌리며 눌러 접어요.

손가락을 넣어 벌리며 중심을 맞추는 모습.

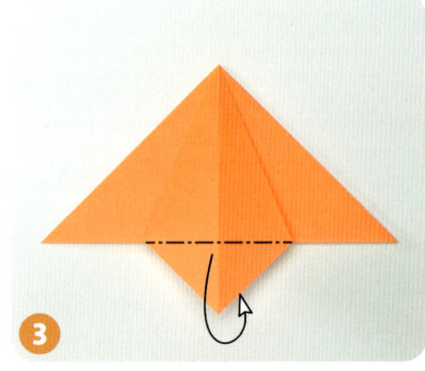

3 점선대로 뒤로 접고 맨 뒤쪽 틈새에 끼워 넣어요.

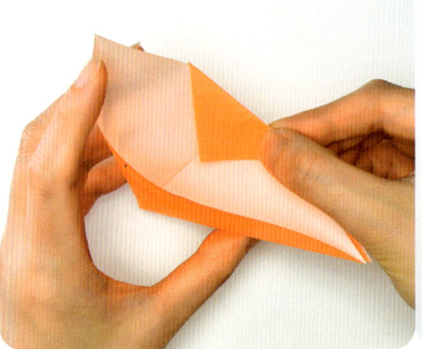

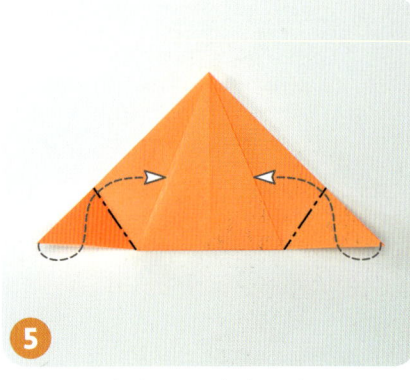

4 아래쪽 가장자리와 빨간 선을 맞춰 접었다 펴서 표시선을 만들어요.

5 표시선을 따라 두 모서리를 안쪽으로 접어 넣어요(넣어 접기).

※오른쪽은 두 장 모두 접어 넣어요.

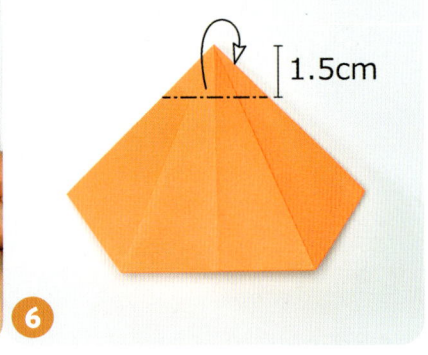

6 위쪽 모서리를 1.5㎝ 정도 뒤로 접어요.

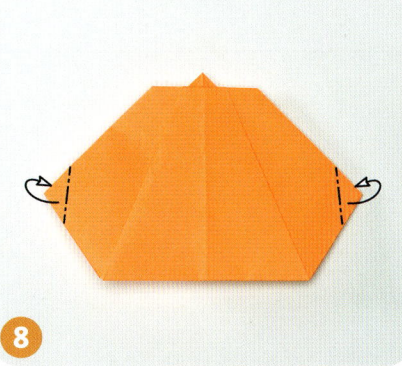

7 모서리 끝이 위쪽 가장자리에서 조금 튀어나오게 되접어요.

8 양옆 모서리를 뒤로 접어요.

펜으로 얼굴을 그리거나 메시지를 써요.

멋쟁이 사탕

사 용 방 법

사탕을 넣어 보기

막대 사탕에 호박을 덮개처럼 씌워 보세요. 사탕 손잡이에 리본을 묶으면 호박이 나비넥타이를 맨 것 같아 훨씬 더 귀여워 보여요.

과자 안 주면 장난칠 거야!

겨울

크리스마스

트리와 종으로 집안을 장식하면
산타랑 루돌프가 찾아올까요!?
크리스마스 장식으로 방을 가득 채워 보세요.

간단한 트리 ▶ p.106

동글동글 산타

동글동글 귀여운 산타 할아버지예요.
풍성한 수염이 근사하네요.

레벨 1

준비물: 색종이(15×15cm) 1장 | 코용 둥근 스티커(8㎜) 1장 | 모자용 둥근 스티커(8㎜) 2장 | 풀 | 펜

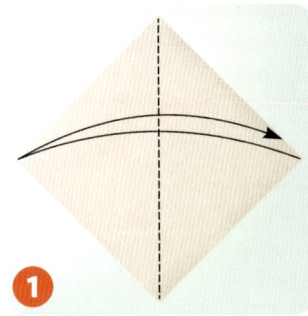

1 양옆 모서리를 맞춰 접었다 펴서 표시선을 만들어요.

2 위아래 모서리를 맞춰 반으로 접어요.

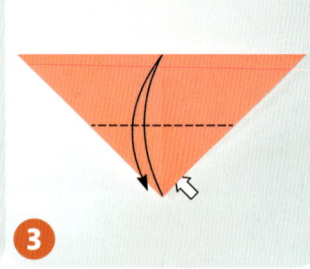

3 모서리 한 장만 위쪽 가장자리에 맞춰 접었다 펴서 표시선을 만들어요.

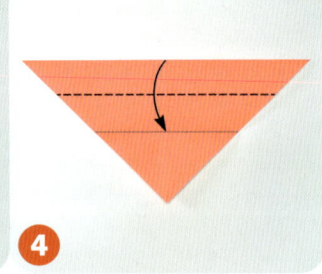

4 위쪽 가장자리를 표시선에 맞춰 접어요.

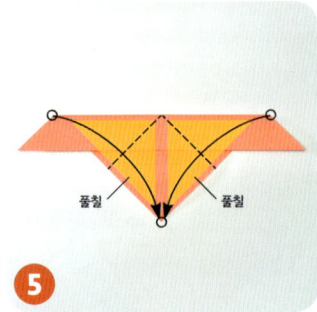

5 ○의 모서리끼리 맞춰 접고 풀로 붙여요.

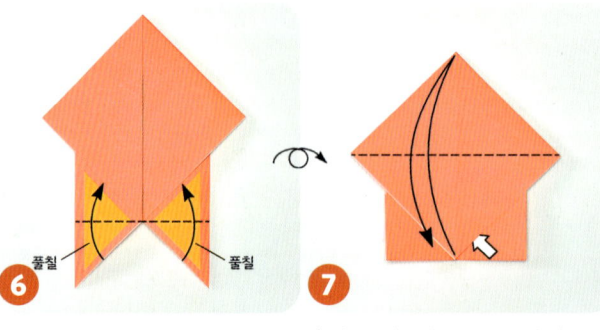

6 점선대로 접고 풀로 붙여요.

7 뒤집은 뒤, 아래쪽 모서리 한 장만 위로 맞춰 접었다 펴서 표시선을 만들어요.

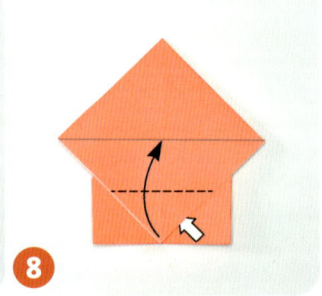

8 모서리 한 장만 표시선에 맞춰 접어요.

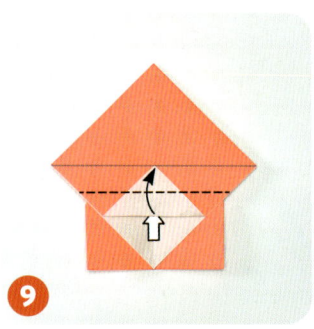

9 가장자리를 표시선에 맞춰 접어요.

10 가장자리를 표시선에 맞춰 접어요.

11 점선대로 모서리를 뒤로 접어요.

양쪽 각도를 똑같이 맞춰

완성 펜이나 둥근 스티커로 얼굴을 꾸며요.

※ 모자용 스티커는 앞뒤로 맞춰 붙이면 떨어지지 않아요.

 # 종

크리스마스 밤에는 종소리가 딸랑딸랑 울려요.
색종이로 종을 접어 장식해 보세요.

레벨

준비물: 색종이(7.5×7.5㎝) 1장 / 풀

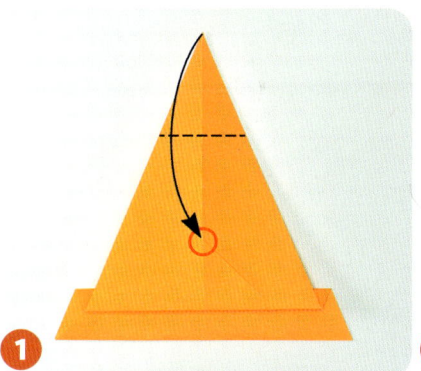

1 p.96 '마녀 모자'의 ❺까지 똑같이 하고 뒤집어요. 모서리와 ○의 모서리를 맞춰 접어요.

2 모서리를 아래로 펼쳐요.

뒤집은 뒤, 들뜬 부분을 풀로 붙여요.

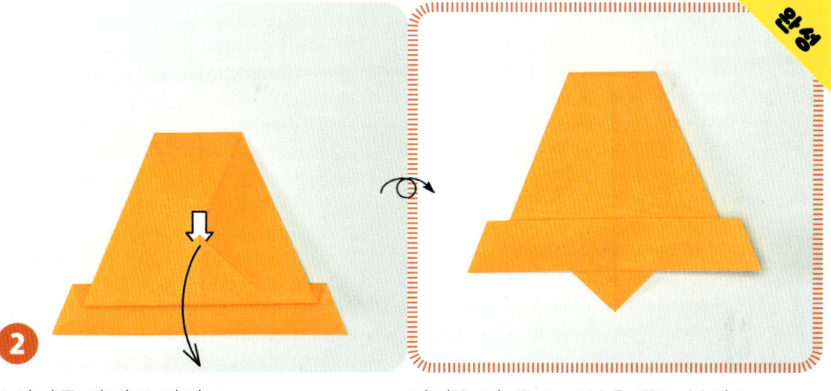

사용방법

다른 크기로 만들어 보기

색종이 크기를 바꾸면 종의 크기도 달라져요. 큰 종은 15×15㎝, 작은 종은 7.5×7.5㎝ 크기로 접었어요. 그랬더니 완성된 작품의 크기가 이렇게나 달라요. 만들고 싶은 종의 크기에 맞춰 색종이 크기를 조절해 보세요.

크기가 꽤 다르지?

간단한 트리

간단한 모양의 크리스마스트리예요.
접은 자국으로 트리 모양을 표현했어요.

레벨

준비물: 잎용 색종이(15×7.5㎝) 1장 / 기둥용 색종이(7.5×7.5㎝) 1장 / 자 / 풀

> 계단 접기로 잎사귀가 겹친 모양을 표현해 봐

 잎

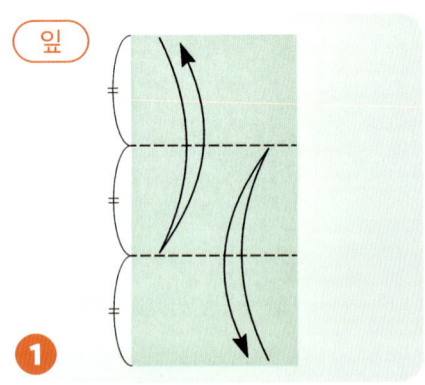

1 세로를 세 등분해서 표시선을 만들어요 (자로 5㎝씩 재도 좋아요).

2 양옆 가장자리를 맞춰 접었다 펴요.

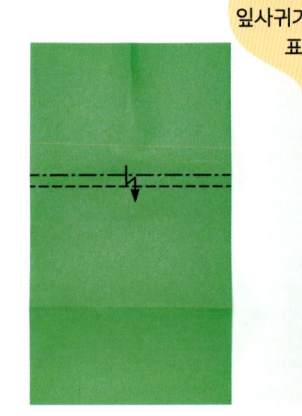

3 뒤집은 뒤, 위쪽 표시선을 5㎜ 정도 접어 내려 계단 접기를 해요.

4

아래쪽 표시선도 똑같이 접어요.

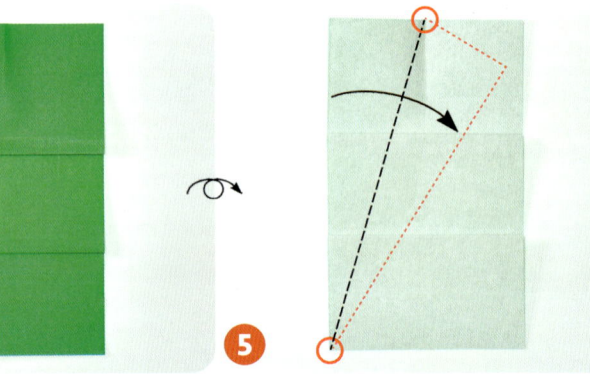

5 뒤집은 뒤, 가장자리를 ○과 ○을 잇는 선대로 접어요.

자를 대고 접으면 쉬워요.

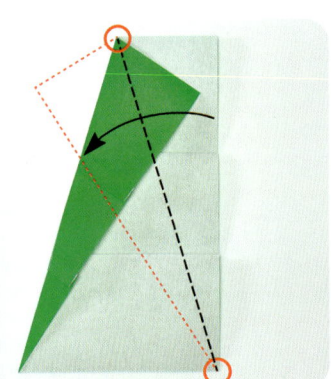

6 반대편도 똑같이 해요.

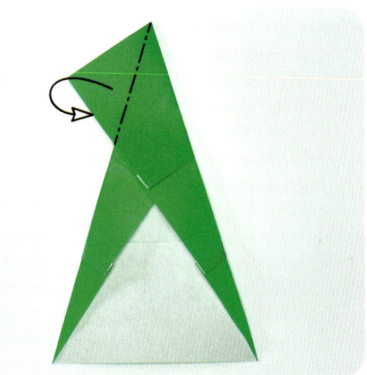

7 튀어나온 모서리를 뒤로 접고 틈새에 끼워 넣은 뒤 풀로 붙여요.

틈새에 끼워 넣는 모습.

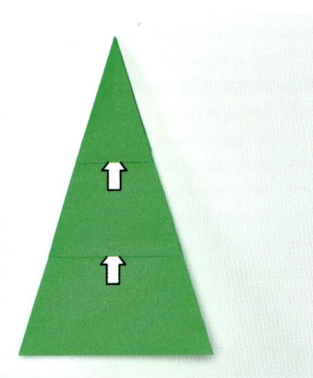
⑧ 뒤집은 뒤, 틈새를 손가락으로 벌려요.

손가락으로 벌리는 모습.

기둥

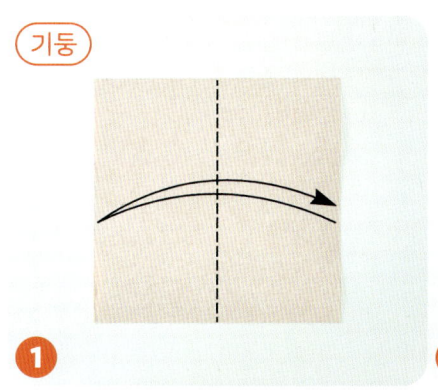
① 양옆 가장자리를 맞춰 접었다 펴서 표시선을 만들어요.

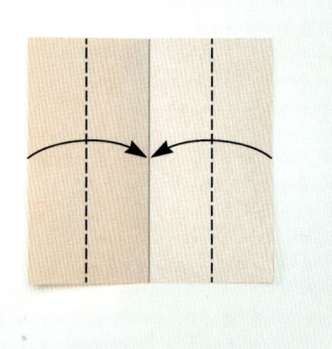
② 양옆 가장자리를 중심선에 맞춰 접어요.

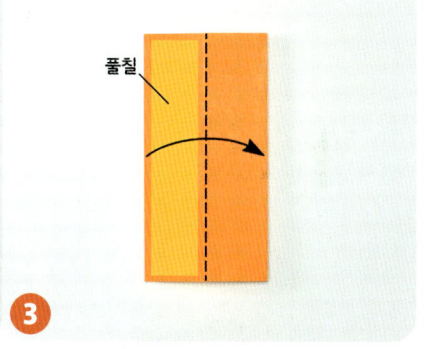
③ 표시선대로 반을 접고 풀로 붙여요.

잎과 기둥을 이어 붙여요.

반짝반짝 트리!

응용방법

트리 꾸미기

트리에 알록달록한 스티커를 붙이거나 좋아하는 그림을 그려서 꾸며 보세요. 꼭대기에 p.68의 '별'을 작은 색종이로 접어서 붙여도 좋아요. 별이 반짝반짝 빛나는 크리스마스트리가 된답니다!

동글동글 루돌프

귀여운 루돌프와 동글동글 산타를 함께 장식해 보세요.
크리스마스 분위기가 더 살아나요. 선물이나 카드에 붙여 꾸밀 수도 있어요.

조금 어려워 레벨 ▲▲▲ 3

준비물: 색종이(15×15㎝) 1장 | 코용 둥근 스티커(8㎜) 1장 | 풀 | 펜

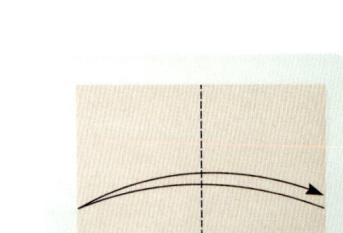

1 양옆 가장자리를 맞춰 접었다 펴서 표시선을 만들어요.

2 위아래 가장자리를 맞춰 반으로 접어요.

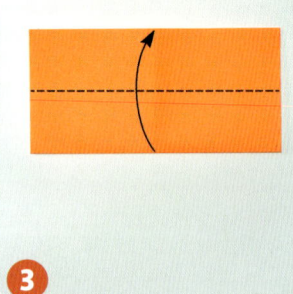

3 또 반으로 접어요.

4 펼친 뒤, 아래쪽 가장자리를 맨 위 표시선에 맞춰 접어요.

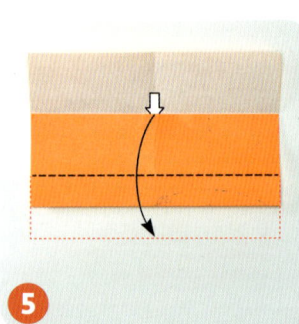

5 색 있는 면의 가장자리를 맨 아래 표시선대로 내려 접어요.

6 ❺에서 접은 부분의 바로 아래를 계단 접기 하듯이 올려 접어요.

7 색 있는 면의 가장자리를 위쪽 표시선에 맞춰 올려 접어요.

계단 모양을 유지하면서 접어

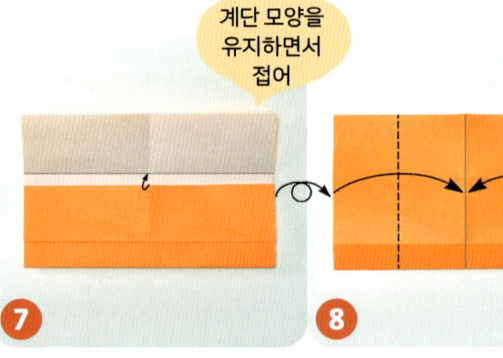

8 뒤집은 뒤, 두 가장자리를 중심선에 맞춰 접어요.

9 점선대로 내려 접어요.

10 빨간 선을 중심선에 맞춰 접어요.

아래쪽 모서리 한 장만 잡아당겨

11 한 손으로 앞 장을 누르면서 모서리를 위로 잡아당겨요.

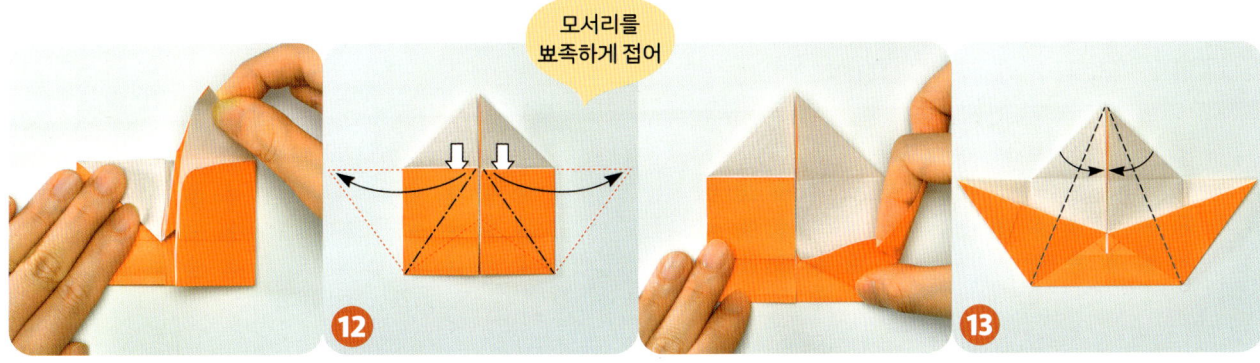

위로 잡아당겨 겹쳐 있던 뒷장 종이가 몸 부분으로 쏙 들어가게 해요.

틈새를 벌리고 접은 선이 모서리까지 닿도록 눌러 접어요.

모서리를 눌러 접는 모습.

안쪽에서 양옆 가장자리를 중심에 맞춰 접어요.

모서리를 뾰족하게 접어

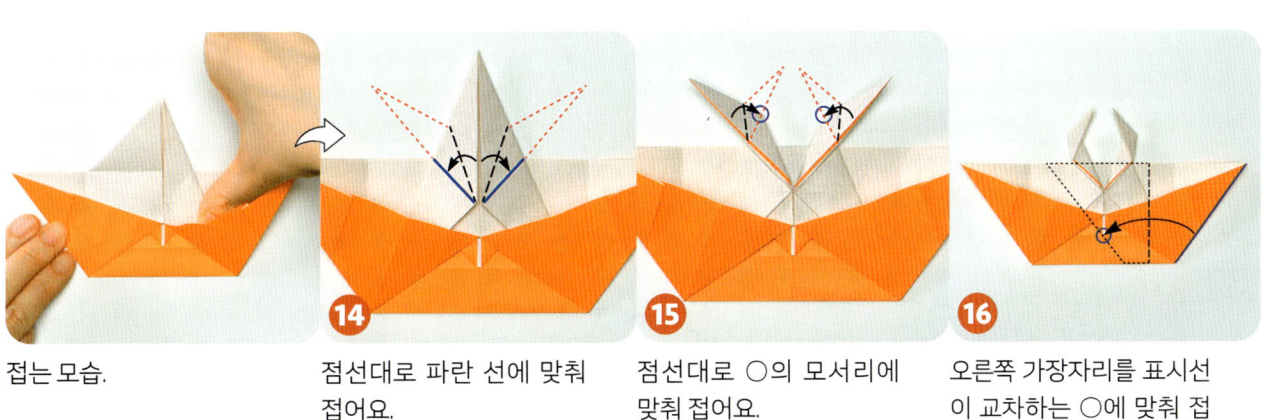

접는 모습.

점선대로 파란 선에 맞춰 접어요.

점선대로 ○의 모서리에 맞춰 접어요.

오른쪽 가장자리를 표시선이 교차하는 ○에 맞춰 접어요.

오른쪽 가장자리에서 조금 튀어나오게 되접어요.

왼쪽도 똑같이 하고 들뜬 부분을 풀로 붙여요.

뒤집은 뒤, 모서리를 뒤로 접어요.

펜이나 둥근 스티커로 얼굴을 꾸며요.

뒤쪽 모양도 보면서 접어

109

오뚝이 주머니 ▶ p.114

구운 떡 ▶ p.112

세뱃돈 봉투 ▶ p.111

설날

볼록하게 부푼 떡에 귀여운 얼굴을 그렸어요.
오뚝이는 주머니 모양이라 과자를 넣거나
새해 분위기가 나는 장식을 추가해도 좋아요.

# 세뱃돈 봉투

리본으로 입구를 묶은 모양의 세뱃돈 봉투예요. 다양한 물건을 넣을 수 있어요.
무늬 있는 색종이로 만들어도 잘 어울려요.

레벨

준비물: 색종이(15×15㎝) 1장, 풀

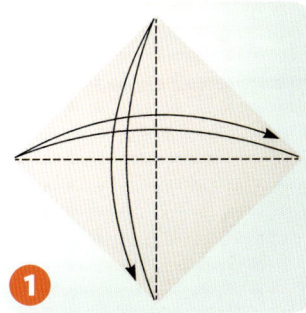
① 모서리끼리 맞춰 접었다 펴서 표시선을 만들어요.

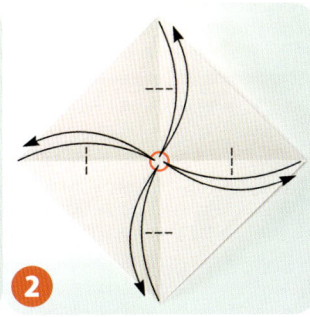
② 모서리를 중심점에 맞춰 접었다 펴서 표시해요.

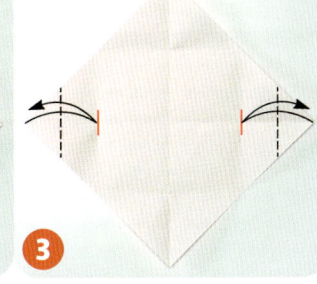
③ 양옆 모서리를 표시에 맞춰 접었다 펴서 표시선을 만들어요.

④ 양옆 모서리를 표시선에 맞춰 접어요.

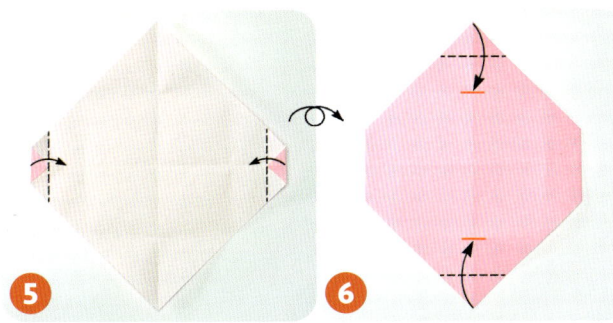
⑤ 표시선대로 접어요.

⑥ 뒤집은 뒤, 위아래 모서리를 표시에 맞춰 접어요.

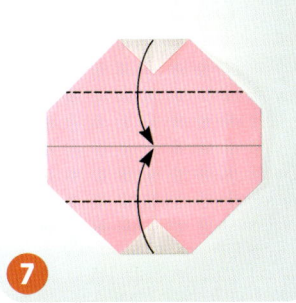
⑦ 위아래 가장자리를 중심선에 맞춰 접어요.

⑧ 양옆 가장자리를 중심선에 맞춰 접어요.

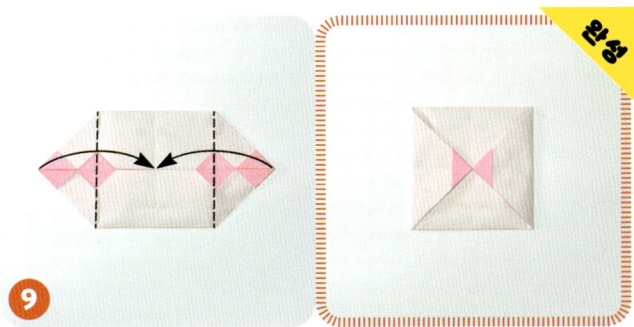
⑨ 모서리를 중심에 맞춰 접어요.

사용방법

물건 넣어 보기!

안에 물건을 넣고 리본 모양 부분을 풀로 붙여 보세요. 동전을 넣거나 편지나 과자처럼 작은 물건을 넣을 수 있어요. 과자라면 얇은 것이 넣기 편해요.

펼쳐서 넣어 봐!

 # 구운 떡

볼록하게 부푼 귀여운 떡이에요.
살짝 눌어붙은 자국을 그리면 더 맛있어 보여요.

레벨

준비물: 색종이(15×7.5㎝) 1장 | 뺨용 둥근 스티커(8㎜) 2장 | 펜

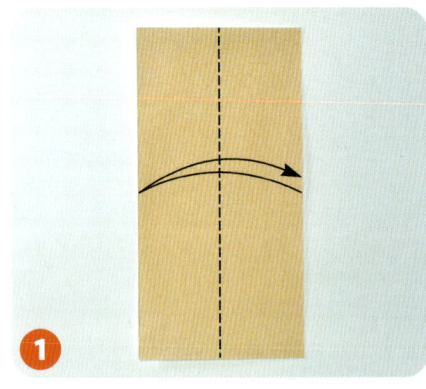

1. 양옆 가장자리를 맞춰 접었다 펴서 표시선을 만들어요.

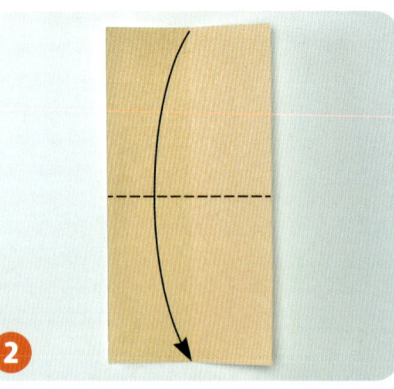

2. 위아래 가장자리를 맞춰 반으로 접어요.

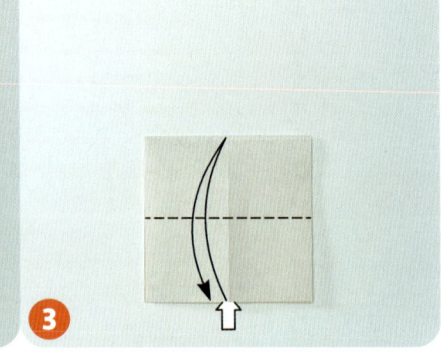

3. 아래쪽 가장자리 한 장만 접었다 펴서 표시선을 만들어요.

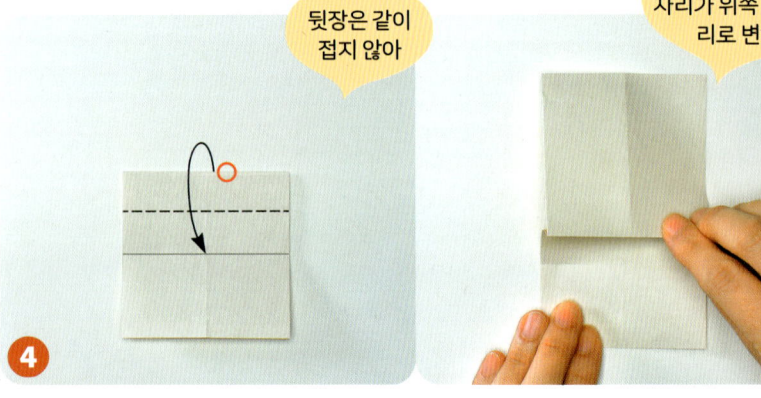

4. 위쪽 가장자리의 ○ 부분을 가운데 표시선에 맞춰 접어요. 뒷장은 같이 접지 않고 위로 넘겨 올려요.

(뒷장은 같이 접지 않아 / 뒷장의 아래쪽 가장자리가 위쪽 가장자리로 변해)

5. 양쪽 모서리를 가장자리 위치에 맞춰 접었다 펴서 표시선을 만들어요.

6. 표시선을 따라 모서리를 안으로 접어 넣어요(넣어 접기).

7. 뒤집은 뒤, 아래쪽 가장자리를 표시선에 맞춰 접었다 펴서 표시해요.

⑧ 아래쪽 가장자리를 표시에 맞춰 접어요.
⑨ 양옆 가장자리를 표시선에 맞춰 접어요.
⑩ 점선대로 모서리를 접어요.

⑪ 빨간 선끼리 맞춰 접었다 펴서 표시선을 만들어요.

⑫ 아래쪽 가장자리의 중심을 기준으로 모서리를 표시선에 맞춰 접어요.
⑬ 뒤집은 뒤, 모서리를 조금씩 뒤로 접어 둥글게 다듬어요.

펜으로 테두리를 그리고, 펜이나 둥근 스티커로 눌어붙은 자국이나 얼굴을 꾸며요.

오뚝이 주머니

오뚝이의 배 부분이 주머니 모양이에요.
작은 과자 등을 넣어 선물하면서 복을 나눠주는 기분도 느껴 보세요.

레벨

준비물: 색종이(15×15cm) 1장 | 뺨용 둥근 스티커(8mm) 2장 | 수염용 둥근 스티커(8mm) 1장
풀 | 펜 | 가위

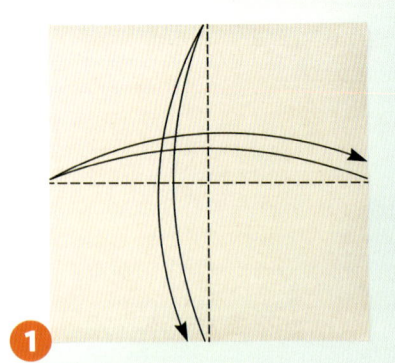
1 가장자리끼리 맞춰 접었다 펴서 표시선을 만들어요.

2 위쪽 가장자리를 중심선에 맞춰 접어요.

3 색이 있는 면의 위아래 가장자리를 맞춰 접어요.

4 다시 펼쳐요.

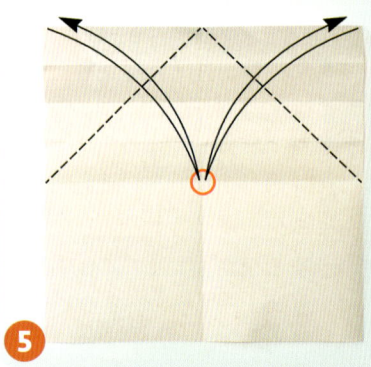
5 모서리를 중심점에 맞춰 접었다 펴서 표시선을 만들어요.

6 위쪽 가장자리를 ❺에서 만든 표시선에 맞춰 접어요.

7 위쪽 가장자리를 표시선대로 접어요.

8 모서리를 맨 위 표시선에 맞춰 접어요.

9 맨 위 표시선대로 접고 풀로 붙여요.

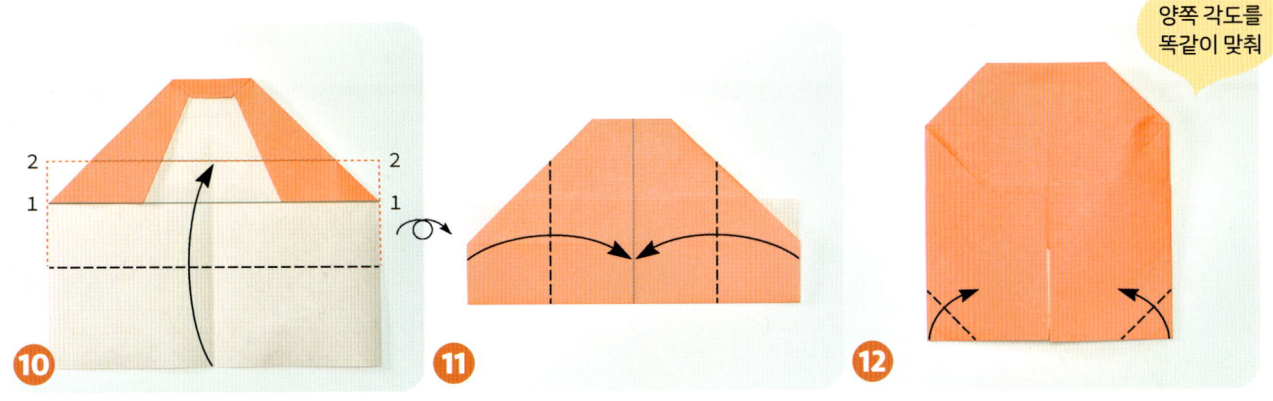

⑩ 맨 아래쪽 가장자리를 밑에서 두 번째 표시선에 맞춰 접어요.

⑪ 뒤집은 뒤, 양옆 가장자리를 중심선에 맞춰 접어요.

⑫ 아래쪽 모서리를 조금만 접어요.

⑬ 뒤집어요.

둥근 스티커를 활용해 수염을 붙이고 얼굴을 꾸며요. 글자도 써넣어요.

세워서 장식하거나 작은 물건 넣기!

배 부분이 주머니 모양이라 작은 과자나 편지, 메모를 넣을 수 있어요.

아래쪽 가장자리를 뒤로 접으면 세워서 장식할 수도 있어요.

김밥 ▶ p.120

도깨비 상자 ▶ p.122

도깨비

귀여운 장난꾸러기 도깨비예요.
고리를 만들면 가면 놀이도 할 수 있어요.

레벨 2

준비물: 색종이(15×15㎝) 1장 | 눈용 둥근 스티커(5㎜) 2장 | 뺨용 둥근 스티커(8㎜) 2장 | 풀 | 펜

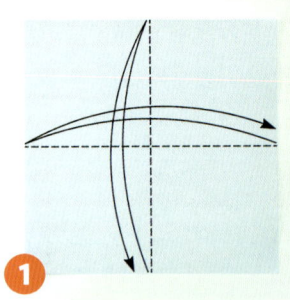
1 가장자리끼리 맞춰 접었다 펴서 표시선을 만들어요.

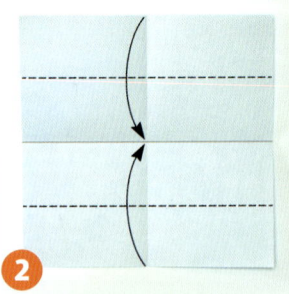
2 위아래 가장자리를 중심선에 맞춰 접어요.

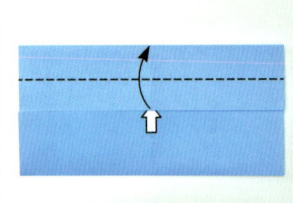
3 가운데를 위쪽 가장자리에 맞춰 접어요.

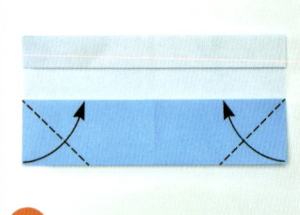
4 두 모서리를 색이 있는 면 가장자리에 맞춰 접어요.

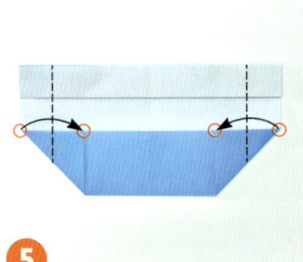
5 ○이 표시된 모서리끼리 맞춰 접어요.

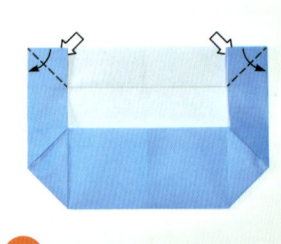
6 가장자리끼리 맞춰 접어요.

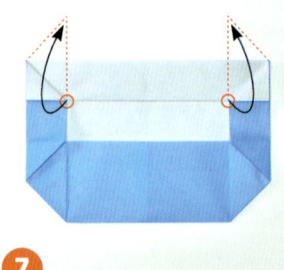
7 ○의 모서리를 위로 잡아당겨요.

잡아당기는 모습.

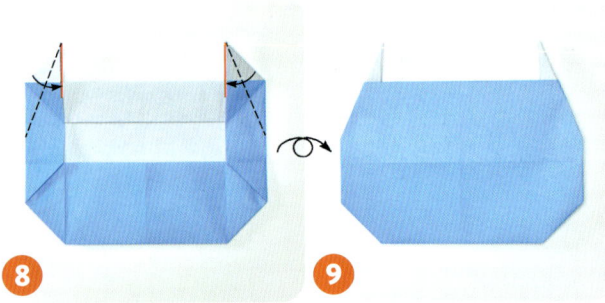
8 위쪽 가장자리와 빨간 선을 맞춰 접은 뒤 들뜬 부분을 풀로 붙여요.

9 뒤집어요.

 완성
펜이나 둥근 스티커로 얼굴을 꾸며요.

응용방법

색종이나 두꺼운 도화지로 머리에 쓸 고리를 만들어요. 가면 놀이를 할 수 있답니다.

소녀

통통한 얼굴이 사랑스러운 소녀예요.
도깨비와 짝꿍으로 만들어 보세요.

레벨 1

준비물: 색종이(15×15cm) 1장 / 눈용 둥근 스티커(5mm) 2장 / 뺨용 둥근 스티커(8mm) 2장 / 풀 / 펜

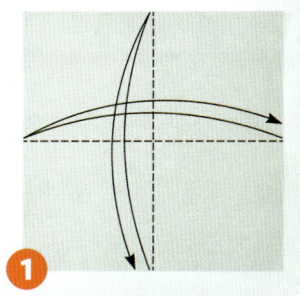

1. 가장자리끼리 맞춰 접었다 펴서 표시선을 만들어요.

2. 위쪽 가장자리를 중심선에 맞춰 접었다 펴서 표시선을 만들어요.

3. 두 모서리를 표시선에 맞춰 접어요.

4. 위쪽 가장자리를 중심선에 맞춰 접어요.

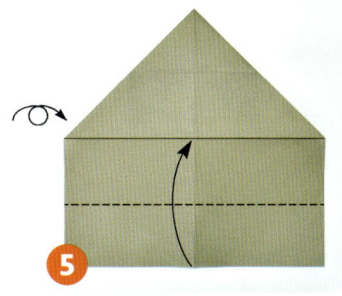

5. 뒤집은 뒤, 아래쪽 가장자리를 표시선에 맞춰 접어요.

6. 모서리를 선에 맞춰 접어요.

7. 모서리를 ○에 맞춰 접어요.

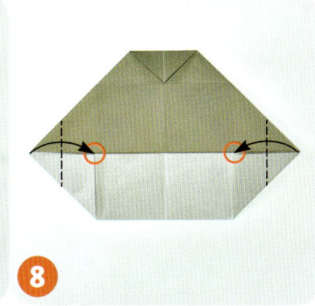

8. 모서리와 ○의 모서리를 맞춰 접어요.

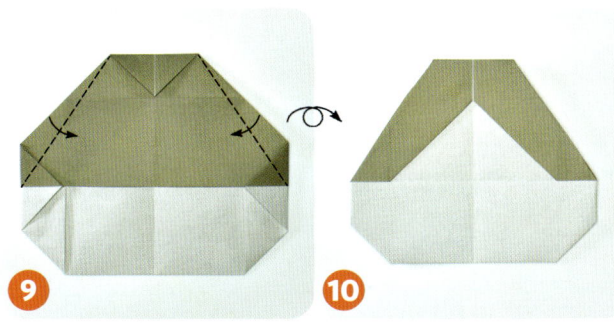

9. 점선대로 접고 들뜬 부분을 풀로 붙여요.

10. 뒤집어요.

완성. 펜이나 둥근 스티커로 얼굴을 꾸며요.

 # 김밥

김밥은 온 가족이 집에서 함께 만들기 좋은 음식이에요.
색종이로 한번 만들어 보세요.

레벨

준비물: 색종이(15×15㎝) 1장 | 둥근 스티커(15㎜) 여러 장 | 풀

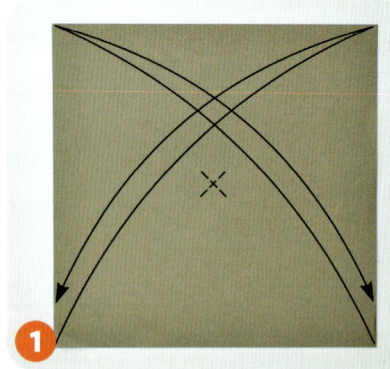

1 모서리끼리 맞춰 접었다 펴서 중심에 표시해요.

2 왼쪽 아래 모서리를 중심점에 맞춰 접어요.

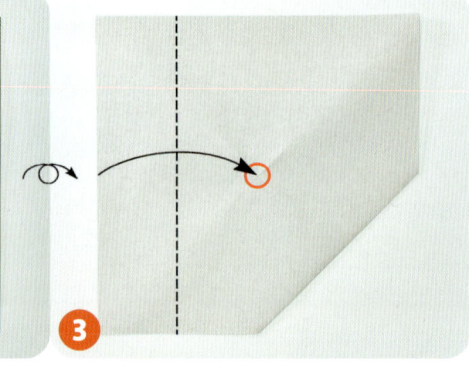

3 뒤집은 뒤, 왼쪽 가장자리를 중심점에 맞춰 접어요.

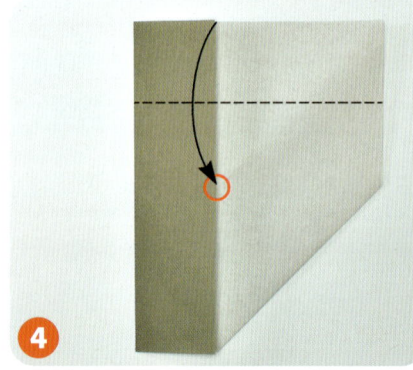

4 위쪽 가장자리를 중심점에 맞춰 접어요.

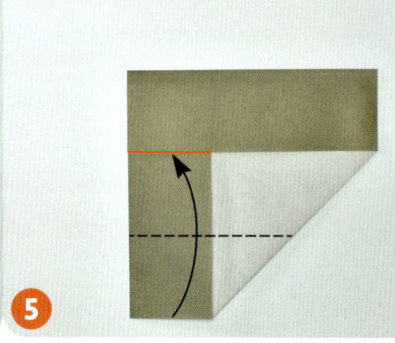

5 아래쪽 가장자리를 빨간 선에 맞춰 접어요.

6 ○을 ○에 맞춰 접어요.

7 모서리를 ○의 위치에 맞춰 접어요.

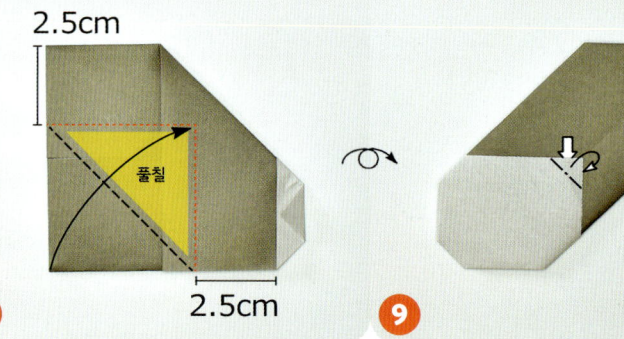

8 모서리에서 2.5㎝ 떨어진 위치를 연결하는 선을 접고 풀로 붙여요.

9 뒤집은 뒤, 점선을 따라 모서리를 뒤로 접어요.

펜이나 둥근 스티커로 김밥 속을 꾸며요.

응용방법

**김밥 속을
다양한 재료로 바꿔 보기**

스티커 색을 바꾸거나 펜으로 그림을 그려 보세요. 여러 가지 김밥을 만들면 파티하는 기분이 들 거예요.

① → 색종이를 사각형으로 잘라서 붙여요
② → 둥근 스티커의 색을 바꿔 붙여요
③ → 색연필 등으로 그림을 그려요
④ → 색이 연한 둥근 스티커를 붙여요

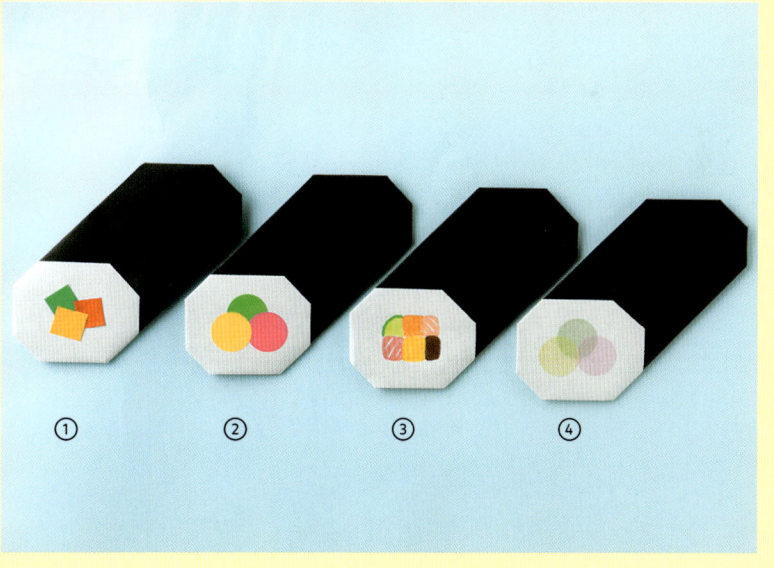

도깨비 상자

상자를 만들고 도깨비 얼굴을 붙여 장식해 봐요.
여기에 간식이나 소품을 담을 수 있어요.

레벨 3

준비물: 도깨비용 색종이(7.5×7.5㎝) 1장 | 상자용 색종이(15×15㎝) 1장 | 뺨용 둥근 스티커(8㎜) 2장 | 풀

도깨비

1 p.118의 '도깨비'를 가로세로 길이가 7.5㎝인 색종이로 만들어요.

상자

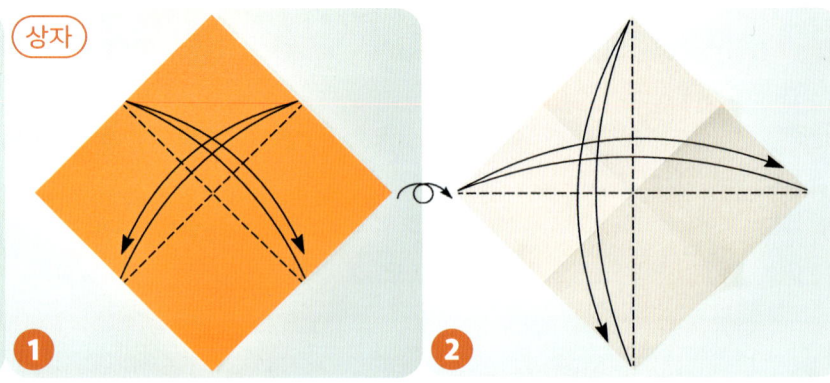

1 가장자리끼리 맞춰 접었다 펴서 표시선을 만들어요.

2 뒤집은 뒤, 모서리끼리 맞춰 접었다 펴서 표시선을 만들어요.

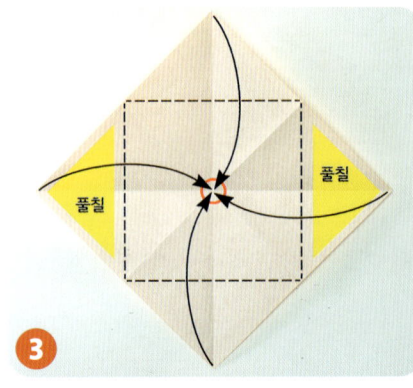

3 네 모서리를 중심점에 맞춰 접고 양옆 모서리만 풀로 붙여요.

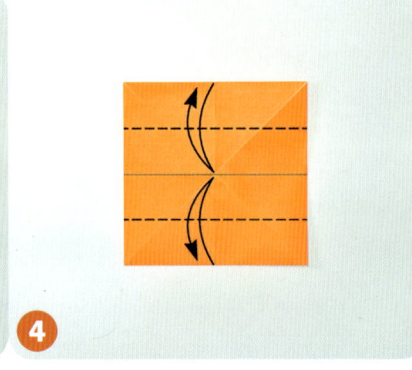

4 위아래 가장자리를 표시선에 맞춰 접었다 펴서 또 표시선을 만들어요.

5 위아래 모서리만 펼쳐요.

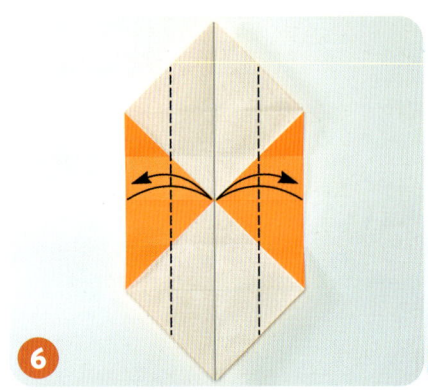

6 양옆 가장자리를 중심에 맞춰 접었다 펴서 표시선을 만들어요.

7 표시선을 따라 모아 접어요.

양옆의 ○을 손가락으로 밀어 넣어

모아 접는 모습.

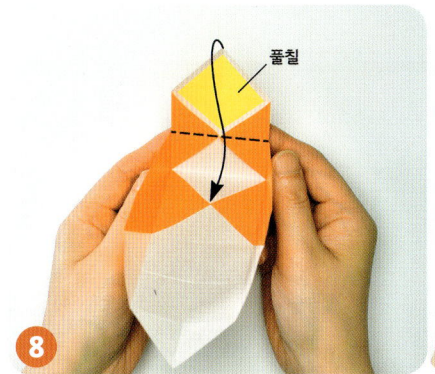

⑧ 선을 따라 접고 풀로 붙여요.

⑨ 반대쪽도 똑같이 접고 풀로 붙여요.

상자 완성.

상자에 도깨비를 붙여요.

두 가지 상자를 모두 만들자

응용방법

소녀 상자

p.119의 '소녀'를 7.5×7.5㎝ 색종이로 만들고 상자에 붙이면 완성이에요.
두 가지 상자를 모두 만들어 보세요. 신문지를 사용해서 큰 상자를 만들 수도 있어요.

 # 간단한 리스

리스를 여러 개 만들어 방을 꾸며 보세요.
특별한 행사나 계절에 어울리는 리스를 만들면 장식할 때도 신이 날 거예요.

레벨

준비물: 색종이(7.5×15㎝) 8장 | 풀

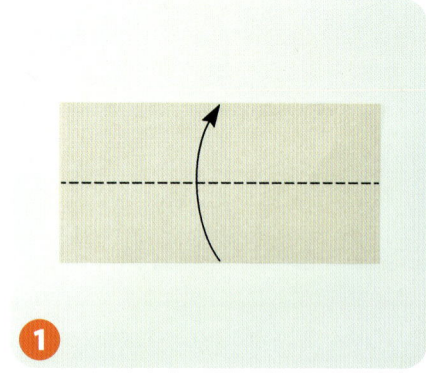

1. 위아래 가장자리를 맞춰 반으로 접어요.

2. 오른쪽 가장자리를 위쪽 가장자리에 맞춰 접어요.

3. 같은 모양을 여덟 개 만들어요.

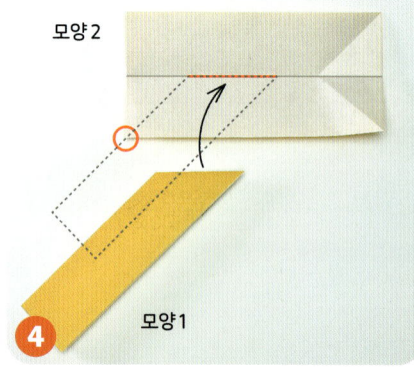

4. 모양 1의 방향을 사진처럼 돌려요. 모양 2를 펼치고 표시선과 모서리에 맞춰 모양1을 위에 올려 주세요.

5. 표시선대로 접고 이어 붙여요.

6. 모서리를 표시선대로 뒤로 접어요.

7. 접은 모습.

8. 남은 모양들도 같은 방법으로 연결해요.

9. 뒤집은 뒤, 빨간 선에 맞춰 가장자리를 각각 접은 뒤 풀로 붙여요.

뒤집어요.

🟠응🟠용🟠방🟠법

잎사귀 리스

p.89의 '낙엽'을 이어 붙이면 리스를 만들 수 있어요.
먼저 색종이(10×5㎝) 8장으로 낙엽을 만들어요. 그런 뒤 잎사귀 무늬 방향이 V자가 되게 하고 왼쪽 잎의 ○과 오른쪽 잎의 ○을 맞춰 붙여요.
이어 붙이기를 반복하다 리스 모양이 되면 작품을 장식해 보세요.

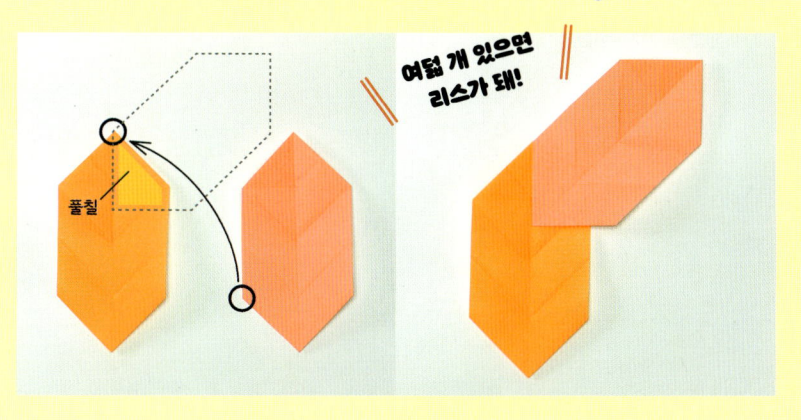

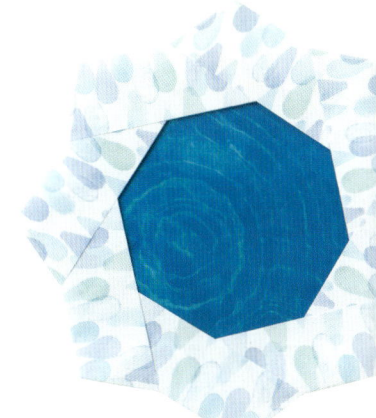

125

나만의 리스 만들기!

간단한 리스에 종이접기 작품을 붙여서 나만의 리스를 만들어 보세요.
색깔을 바꾸면 전체적인 느낌도 달라져요.

응용방법

장식할 작품을 색종이 위에 올려 보세요. 작품이 돋보이는 색의 색종이를 골라 리스를 만들면 좋아요. 장마 리스처럼 뒤쪽에 색종이를 붙이면 리스 가운데 부분도 꾸밀 수 있어요.

생일 리스

잎사귀 리스에 촛불과 숫자를 붙이면 생일 리스가 돼요.

가을 리스

올빼미와 버섯이 주인공인 가을 리스예요.
낙엽과 도토리를 곳곳에 장식해 보세요.

장마 리스

물결무늬 색종이를 리스 뒤쪽에 붙였어요.
날씨 맑음 인형과 연잎은
작은 크기로 만들어 보세요.

크리스마스 리스

꼭대기에 종이 달린 크리스마스 리스예요.
밤하늘에 작은 별들이 반짝이는 모습을
상상하며 만들어요.

KANTAN KAWAII ORIGAMI
by Origaminojikan
Copyright © 2024 Origaminojikan
All rights reserved.
Original Japanese edition published in 2024 by Sekaibunkasha Inc., Tokyo

This Korean edition is published by arrangement with
Sekaibunka Holdings Inc., Tokyo in care of Tuttle-Mori Agency, Inc., Tokyo
through AMO AGENCY, Korea

이 책의 한국어판 저작권은 AMO에이전시를 통해 저작권자와 독점 계약한 이퍼블릭에 있습니다.
저작권법에 의해 한국 내에서 보호를 받는 저작물이므로 무단 전재와 무단 복제를 금합니다.

참 쉽다! 참 재밌다! 종이접기

초판 1쇄 발행일 2025년 9월 15일
초판 2쇄 발행일 2025년 9월 23일

지은이 종이접기의 시간
옮긴이 양수현
펴낸이 유성권

편집장 윤경선
책임편집 조아윤   **편집** 김효선
홍보 윤소담   **디자인** 박채원
마케팅 김선우 강성 최성환 박혜민 김현지
제작 장재균   **물류** 김성훈 강동훈

펴낸곳 ㈜이퍼블릭
출판등록 1970년 7월 28일, 제1-170호
주소 서울시 양천구 목동서로 211 범문빌딩 (07995)
대표전화 02-2653-5131   **팩스** 02-2653-2455
메일 loginbook@epublic.co.kr
블로그 blog.naver.com/epubliclogin
홈페이지 www.loginbook.com
인스타그램 @book_login

- 이 책은 저작권법으로 보호받는 저작물이므로 무단 전재와 복제를 금지하며,
  이 책 내용의 전부 또는 일부를 이용하려면 반드시 저작권자와 ㈜이퍼블릭의
  서면 동의를 받아야 합니다.
- 잘못된 책은 구입처에서 교환해 드립니다.
- 책값과 ISBN은 뒤표지에 있습니다.

로그인 은 ㈜이퍼블릭의 어학·자녀교육·실용 브랜드입니다.